学術選書 115

民主政アテナイに殉ず

弁論家デモステネスの生涯

木曽明子

京都大学学術出版会

KYOTO UNIVERSITY PRESS

口絵 1 ●デモステネス胸像（ルーブル美術館）（本文 p.1）
Polyeuctus, CC BY 2.5, via Wikimedia Commons

口絵 2 ●デモステネス通りの標示（本文 p.1）
いずれも杉山晃太郎氏撮影

口絵 3 ●現在のペアニア市（旧パイアニア区）に 20 世紀に建立された胸像（左）とその台座部分（右）（本文 p.225-226）
いずれも杉山晃太郎氏撮影

口絵 4●プニュクスの丘（本文 p.8）
杉山晃太郎氏撮影

民主政アテナイに殉ず——弁論家デモステネスの生涯◉目　次

目次

第8章……パックス・マケドニカ（マケドニアの平和）……157

トラキア
ピリッピ
マロネイア
ペリントス
ビュザンティオン
プロポンティス
カルディア
タソス
ケロネソス
キュジコス
インブロス
セストス
レムノス
ペ
ハロネソス
ル
スキュロス
レスボス
シ
サルディス
キオス
ア
エーゲ海
サモス
帝
ケオス
ミレトス
国
デロス
ハリカルナッソス
コス

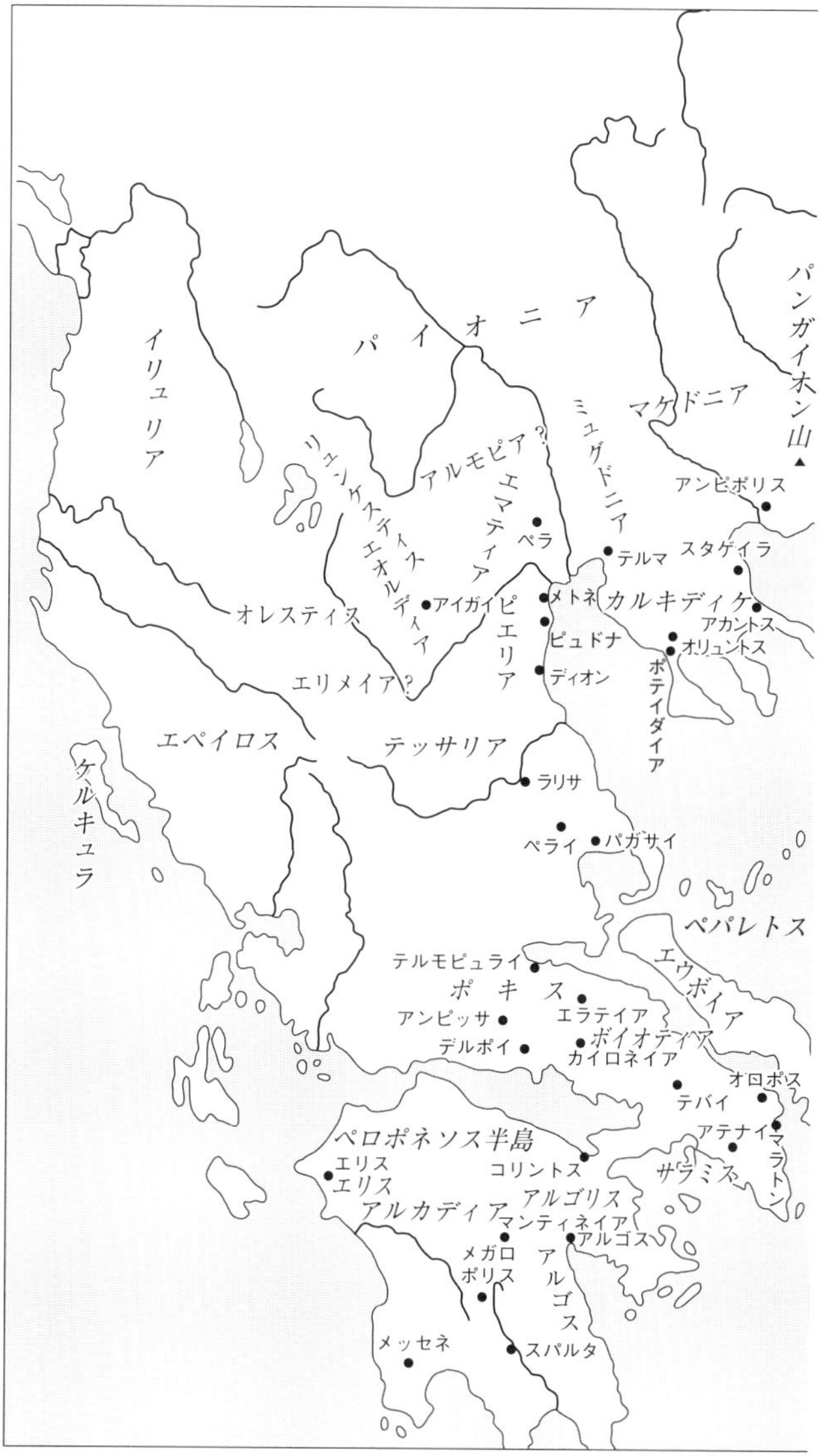

イリュリア
パイオニア
パンガイオン山
マケドニア
ミュグドニア
アルモピア?
リュンケスティス
エオルディア
エマティア
ペラ
テルマ
スタゲイラ
アンピポリス
メトネ
カルキディケ
アカントス
オリュントス
アイガイ
ピエリア
ピュドナ
ディオン
ポテイダイア
オレスティス
エリメイア?
エペイロス
テッサリア
ケルキュラ
ラリサ
ペライ
パガサイ
ペパレトス
エウボイア
テルモピュライ
ポキス
エラテイア
アンピッサ
ボイオティア
デルポイ
カイロネイア
オロポス
テバイ
ペロポネソス半島
アテナイ
マラトン
コリントス
サラミス
エリス
エリス
アルカディア
アルゴリス
マンティネイア
アルゴス
メガロ
ポリス
アルゴス
メッセネ
スパルタ

はじめに　なぜいまデモステネス？

はじめてアテネを訪れる観光客は、まずパルテノン神殿に足を向ける。アクロポリスの石段を上りきったところでまじかに見るその威容に、心の昂《たかぶ》りを覚えつつ立ちつくす。

一方、わが国ではさほど馴染みがないが、欧米では誰もが知る弁論家デモステネス（口絵1）の名を冠した通り（口絵2）があるのをご存知だろうか。その道路標示に目をやりながら、気にも留めずに行き過ぎた人は、それが〝古代ギリシア最大の弁論家〟の名であると聞かされ、思うだろう、「弁論家？　はて？」

たしかに日本では、ソクラテスといえば哲学、サッポーといえば恋愛詩と、その知名度にそれぞれのイメージが伴うだろうが、「弁論？」と聞いて怪訝《けげん》な顔をする人は多いだろう。

本書はそういう古代ギリシアのもう一つの顔、弁論家デモステネスの生涯を、現存する彼の議会弁論・法廷弁論作品・書簡を主な資料に素描してみようというものである。しかしなぜいま二千数百年前の一アテナイ市民の人生を語ることが必要なのか？

それは、忘れ物を拾いに行くためである。少し古い話になるが、わが国では、明治時代の文明開化以来、西洋文化を目標に、追いつけ追い越せと、ひたすら模倣・摂取にいそしんできた。その際西洋の知の源《みなもと》と仰ぎ見られたのは、古代ギリシア文化である。ところが、熱い讃嘆と憧憬のまなざしを向けられたのは、さきに触れたようにもっぱら哲学、悲劇、詩等にとどまり、「弁論」は置き去りにされてきた。

しかしながら「弁論」が西欧の伝統的教育・教養の不動の柱であることに異論はない。だのになぜ日本人は、西洋文化に倣おうとしながら「弁論」を見落としたのか。それは「弁論」の母胎である民主政を受け入れる素地がなかったからである。明治の寡頭政権以来、国の舵取りは「お上(かみ)」に任せておけばいい、任せておくしかない、というのが、われわれ日本人の平均的理解であった。

けれども、第二次世界大戦の敗戦後ほぼ八〇年を経て、わが国でもようやく民主政が浸透したかに見える現在、民主政の命である言論の自由、その証(あかし)である「弁論」の重要性を見直すことの意義は小さくないと思われる。

ただし注意すべきことがある。わが国における民主政は、まず主義として、すなわち思想・理念として導入され、生活実態としての民主政はそのあとを追うかたちで入ってきた。したがってじっさいにアテナイ市民の生活そのものであった民主政、彼らの日々の暮らしの中にあった民主政をたずねることは、思想体系や制度とは異なる、血の通った人間のいとなみに接するという新しい視点・想像をもたらすだろう。そのためにポリス〈国家〉・アテナイの成員として生きた一個人、それも「弁論」をもって終生アテナイの国政の中枢部にあり続けた市民デモステネスの生の軌跡をたどることは、過去に見逃がしたものを取り戻す契機となるかもしれない。そして同時にその時代の心を代弁し、われわれが触れて感じられる有形物すなわち「弁論」の、民主政における位置づけをも再認識することになるだろう。

序章……弁論と民主政

1 新しい風

古代ギリシアにおいて弁論重視の伝統はホメロス（最古の叙事詩『イリアス』『オデュッセイア』の作者）以来のものである。公的な場において言葉によって自分の意志を表わし、人を説得する技《わざ》すなわちよく弁ずることは、武器を取ってよく戦うことともに青少年にとって最も重要な修練の課目だった。この「弁論」が「術」に発展した契機が、前五世紀末のシケリア（シシリー島）の法廷にあることはつとに知られている。暴政をほしいままにしていた僭主が追放されると、奪われていた土地家屋を法的手段によって取り戻そうと、人々は裁判所に駆け込んだ。しかし一般市民の多くは、裁判員団を前にいきなり何をどう言えばいいかがわからない。そこに現われた勝訴への手引書『弁論術』を、人々は争って買い求めた。訴訟の相手を言い負かすには、どんな風に考えをまとめて、どんな風に言えばいいかが詳しく書かれたその本は、たちまち民主政下のアテナイに伝わった。シケリアからはまた、隣国からの圧迫で危難に瀕したポリス・レオンティノイから、同盟国アテナイに救援依頼の使節団が送られ、その首席代表を務めたゴルギアスのアテナイ民会での演説は聴衆を熱狂させた。彼の口から滾々《こんこん》とあふれ出る、音声美や斬新な表現形式に彩られた華麗な弁論は、アテナイ市民の心をとりこにしたのである。とりわけ有為の人材として世に立つ日を夢見る青年たちは、強い感銘を受け、何を措いてもすぐれた弁論の技術を身につけようと、競って習得に励んだ。もともと議論好きな国民性で知られるアテナイでは、すでに前五世紀中葉から、有力な政治家が弁論をもって民会を動かし、国策を導くといった政治的土壌が見られたのである。

前五世紀中・末期から前四世紀にかけて、活動の輪を広げていたソピストたちも、弁論熱に拍車をかけた。ソピストとは、授業料を取って知識や思想を講じながら、街から街へと移動して歩く職業的教師を指し、アテナイを中心に各地でめざましく活動していた。彼らは徳を教えるとか、人間心理の考察法、多面的な思考態度を伝授するとか、青年たちの旺盛な知的欲求に応え、社会生活における様々な成功を約束することによっても歓迎されたが、教授の主な対象は、高額な授業料を払える富裕層の子弟であった。そのため、生活に余裕のない一般大衆からは、冷淡な視線あるいは反発や非難をすら招く場合も少なくなかった。

なかでも弁論に特定した教えを売り物にしたソピストたちは、人気と敵視の両極端に遭遇した。代表的な一人が、上記のゴルギアスである。彼はその後祖国の政変によって亡命を余儀なくされ、弁論術教師をなりわいに各地を遍歴し、アテナイにも時折姿を見せていた。彼の新奇な言葉遣い、のちにゴルギアス流（補遺233頁参照）と名づけられた彼の表現形式は、多数の模倣者、教条の追随者を生んだ。一方で、ただ人を言いくるめるため、弱論を強弁するためのごまかしに過ぎないと白眼視する向きもあったが、その技を学び取ろうと彼らの教場に詰めかける若者は数多かった。

前四世紀に入って、そうした青年たちの憧れの的となったのは、イソクラテスが興した弁論学校である。ゴルギアスの弟子の一人であったイソクラテスは、弁論熱の蔓延とともに、弁論術本来の目的が忘れられがちになることに、強い不満を感じていたのである。浮かれぎみの青年たちのなかには、弁論術を立身出世や処世の手段として、またそれがもたらす権力を欲して、何らの道徳的反省もなしに、無条件で摂取し、熱烈な弁論術信奉者となる者もいた。ときに知識人からも、真実そのものではなく、真実らしく見えるものを人に信じさせようとするまやかしの術と冷笑される弁論術を、真のすがたに戻すことにイソクラテスは情熱を傾けた。すなわち徳の涵養と教養の深化のための弁論術である。イソクラテス自身は、「生まれつき声が小さく、度胸もなかったので」（D. H. *De. Isoc.* 1. 2 以下 D. H. などの英字は略記一覧参照）演壇には立たず、もっぱら憂国警世の書を発表する生活にとどまったが、穏和で篤実な人柄、流麗・典雅な語り掛けで、世を導く教育者・政論家として厚く尊敬された。アテナイ随一と評判された彼の弁論学校は、あまねく地中海世界にその名を轟かせ、門下の俊英たちからは、新生アテナイの先頭に立って、立国に寄与した、卓越した人材が輩出された。

民主政アテナイの再出発

それというのも、ギリシア世界を二分したペロポネソス戦争（前四三一―四〇四年）に敗北したアテナイは、当時国力の回復のためにあらゆる努力を傾けていたのである。戦争末期の前四一一年と前四〇三年と、スパルタも介入した寡頭・独裁制の暴政に苦しんだアテナイ市民たちは、その経緯を深く反省して、まず国法の見直しに取り組んだ。理想の統治実現のためにと、青年たちも黙ってはいなかった。一〇年かけてようやく前四〇〇／三九九年に成った新法律体系は、全市民の英知を結集した新生民主政アテナイのスタート・ラインとなった（アテナイの暦年は今日の七月から始まるため、西暦では上のように二年にまたがる表記をすることがある）。

新法は、国家意思決定の最高機関である民会（国民総会）と、政務審議会、民衆法廷の三機関をもって国家運営の柱とした。民会は二十歳以上の市民（男性）が平等な出席権、発言権・投票権をもってプニュクスの丘（以外の場所のこともある）（口絵4）に集まり、動議された事案の可否を、原則挙手の多数決で、「民会決議」として採択する。政務審議会は、アッティカを構成する一〇の部族から、三十歳以上の市民がそれぞれ五〇人選ばれ、合計五〇〇人をもって構成員とする常設の評議機関である。民会動議事案をあらかじめ選択・審議し、民会を招集・開催して、動議者に演説をさせる、国策決定の中枢部である（アッティカはアテナイ市を中心に、農牧地帯をも含む周縁部全域を指す地域名）。

これら二機関に加えて、司法すなわちあらゆる係争処理にあたるのが民衆法廷である。三十歳以上の市民から年度はじめに誓いを立てた六〇〇〇人がその年度の裁判員に任ぜられ、個々の裁判案件には、そのなかから当日の裁判件数に必要な人数が、籤で選ばれた。そしてどの案件を誰が、という担当案件への振り分け等も籤引きによった。事前工作による汚職をふせぐためである。民衆法廷は、各種裁判以外にも民会、政務審議会に対して職権乱用や法規逸脱を見張るチェック機能を果たし、加えて軍事・財政・外交等ポリス運営上の枢要な問題にもかかわり、個人の苦情や不平申し立てまで扱うという守備範囲の非常に広い国家機関である。

これら三機関をはじめとする行政の担い手すなわち公職者（役人）は、いずれも抽選制であり、毎年交代した。民会書記や将軍、市街地監督官等七〇〇以上を数える公職には、市民全員が一生に一度は就任の機会を持つ勘定になる。機会均等が実現され、少数者への権力の長期間の集中が極力避けられたのである。

言論の自由と平等

こうして民主政の二度の転覆という苦い経験を教訓に再編された新法は、法の支配、自由、平等を掲げ、パレーシアー（言論の自由）を高らかに謳った。「何でも言える」「何を言ってもいい」社会の招来である。もはや寡頭政の暴虐を恐れることなく、人々はパレーシアーを合言葉に「思いのままに語る」自由を存分に行使した。

「言論の自由」は民主政の根本理念である。直接民主政を敷いて一〇〇年余を経たアテナイでは、市民一人一人が国政の担い手であり、門地や財力にかかわりなく等質であることを大前提として「言論の自由」を共通認識としたのであるから、誰もが公的な場で互いに対等にものを言い、対等に話し合った。誰もが言うべきこと、言いたいだけのことを言えるが、その言責は自分自身にある。各人の言い分が相互に相容れないこともあり、また、じっさいの政治では、正反対の主張が同時に唱えられ、そのそれぞれにもっともな理屈がつけられていたりする。そこに試みられる譲歩や妥協から社会的合意、さらに万人が肯《うべな》える公序良俗に至るには、各自が自分の言葉の説明責任を果たさねばならない。こうして各成員が言論による参加と責任をしっかりと手にして共生し、前途に繁栄と発展を思い描いたポリス（国家）・アテナイは、新法の下《もと》、民主政治成熟の時を迎える。だがその歩みは紆余曲折、いや多事多難の連続であった。

2　アテナイ、有為転変ひとかたならず

というのも新法の制定で国内秩序の立て直しに専念するかたわら、アテナイは強力な外圧にも対処

を迫られたからである。ペロポネソス戦争の勝者スパルタが終戦後たちまち覇権拡大の野望をあらわにし、テバイ市、コリントス市、アルゴス市等の激しい抵抗を受けると（コリントス戦争。前三九五―三八七／八六年）、アテナイはこれら諸ポリスに与しながら、その複雑な関係のすきまを縫ってなんとか再興の第一歩を踏み出した。東に控えて牽制の手をゆるめない大帝国ペルシアも介入して、「（ペルシア）大王の和約」（前三八七／八六年。別名「アンタルキダスの和約」）と呼ばれる盟約が、この戦争を終わらせたが、その実態は、スパルタが自己の海上覇権を認めさせて、増大するテバイ勢力の粉砕を狙った国家間闘争でもあった。アテナイにはレムノス、インブロス、スキュロスの三島のみが残される（X. *Hel.* 5. 1. 31-36）という不利な講和締結であったが、続く九年間の平和の間、アテナイは旧同盟諸国（第一次アテナイ海上同盟。通称デロス同盟）との関係改善に努め、前三七八年には第二次アテナイ海上軍事同盟を結成するまでに復興した。中小盟友諸国の意志を尊重して（*IG* II^3 1. 318; Ps.-Dem. *XVII.* 6, 8, 15-16）その自主独立を認め、海上軍事同盟を再出発させたアテナイは、さらに貢租、植民の放棄等を約して急速に同盟圏を拡大し、二年後には海戦でスパルタ艦隊を破って（前三七六年、ナクソスの海戦）ふたたび〝エーゲ海の雄〟の名を轟かせた。

その原動力となったのは、弁論である。将軍であれ外交使節であれ、輿望《よぼう》をになって顕著なはたらきをするには、まず民会を説得してその提案を了承する「民会決議」を経なければならない。そのために弁舌をふるう弁論家と、実戦に携わる将軍が前五世紀には同一人であったが、前四世紀に入ると分業がすすみ、前線に立つ将軍が共生関係にある弁論家に民会説得を委ね、銃後をしっかり固めた上で戦闘に向かうという構図が主流になった。かくして速やかに国力回復をすすめたアテナイは、前三六〇年代後半頻繁に海上遠征を行うまでになって急速に〝海の覇者〟としての威信を回復したが、その名に値する成果を生み出したのは、民会で演壇に登る弁論家たちであった。

　彼らいまをときめく弁論家たちに倣《なら》い、いつの日か国家運営の第一線に立ちたいという欲求は、青年市民たちの胸に熱くたぎっていた。民会で世の在り方を質《ただ》し、法廷で正義の番人となり、国をあるべき姿に導くことほど、男児一生の仕事として望ましいものはあるまい。しかしながらその思いに現実性を実感できる若者は、比較的少数であったことは、上に述べたとおりである。成長期の履歴に「弁論《べんろん》」の一字すら見出せない若者は、そうした夢とは無縁であった。弁論学校に通い、著名なソピストたちに学んで知性を高め、この種の情熱を抱き続ける幸運にあずかれたのは、ほとんどが裕福な中・上層家庭の子弟であった。

　それゆえ前四世紀、アテナイの政治を取り仕切ったのは、たいていが、裕福な家に生まれ、高度な弁論術を身につけた弁論家たちである。そして国政の大事が、すべて彼らレートールと呼ばれる弁論家たちの動議・提案に基づくことから、もともと話す人、弁ずる人を意味したギリシア語「レートール＝弁論家」は、「政治家」と同義になる。

　とするとアテナイでは、あたかも彼ら少数の弁論家＝政治家たちが国家運営の制動を握り、寡頭政にも似た政体のもとで好き勝手なことをやったかのように思われるかもしれない。しかしそうではない。なぜならレートールによって動議・提案された事案の採否を決めるのは、「言論の自由」に培われ、鍛えられた、民会聴衆席の市民たちであるから。動議事案を吟味し、承認を与え、ときに批判さえ表明する市民たちと太刀打ちできない弁論家は、動議者として認められず、登壇すら許されないのである。

登壇する弁論家には、それなりの品位が求められた。アテナイ市民にふさわしい知性、思慮を備え、徳性においても不足のないひととなりを示さなければならない。また国庫に借金がない、兵役忌避あるいは戦線離脱の前科がない等、公民権行使の資格も満たしていなければならない。これらに欠損があれば、「演説者資格審査」の訴因をもって公訴にかけられ、有罪となれば極刑に至る場合すらある。

演説中のマナーも顰蹙を買うようでは落第である。服装の乱れ、粗野な立ち振舞いに言葉遣いと、動議者が気を付けねばならない条件は数多い。

こうしてかなり高いハードルを越えて演壇に立っても、向かう相手は好意的に耳を貸してくれる理解者ばかりではない。無遠慮なヤジは言わずもがな、聴衆席には一家言ある〝識者〟もいる。軽くあしらえる集団ではない。重要法案ともなれば、定足数六〇〇〇の市民相手に完璧な説得を試みなければならない。ただでさえ百家争鳴の騒がしさで有名なアテナイ民会のことである。静粛に、ご清聴を、と演説者が乞う場面が民会ごとに繰り返された。しかしこれは、見方を変えれば、彼ら一般市民の政治意識がけっして低くはなかったことを物語るであろう。市民人口の大半を占める農（牧）村地帯の住人は、何時間もかけてプニュクスの丘（民会場）への道のりを、日帰りで、一年にほぼ四〇回（民会開催頻度）以上往復することを厭わなかったのであるから。そして聴衆席からの自由な発言に、国政参加の充実感を味わっていたであろうから。

しかしポリス（国家）という一大共同体が機能するには、これをまとめて望ましい方向に導く案内役がいなくてはならない。規律も統制もなく、ただ寄り集まっただけの集団では、ポリスの体《てい》をなさない。そこで求められるのが、集団を率いるすぐれたリーダーシップである。すなわち国家という船を操ることに長《た》けた腕利きの舵取りである。そうなるには資質によるところもあろうが、教育、教養によってはぐくまれる要素が大きい。よって国家操船術を身に具えるべく修行を重ねられるのは、繰り返して言うが、有産階級の息子たちであった。幾たびも民会で動議・献策し、国家の行方《ゆくえ》を先導したのは、おおむねこうした履歴をもつレートールたちであった。ではそのようなレートールを代表する一人となったデモステネスは、どのようにアテナイ民主政を生きたのか。

第1章……弁論家の誕生

1 おいたち

誕生

デモステネスの生年は、前三八四年とされる。彼が生まれたパイアニア区は、アテナイ市街地からアッティカ地方の内陸や南部に行く際の要所に位置し、かなりの賑わいのある土地である。この地に生まれ幼くして父を亡くしたデモステネスは、十八歳の成年に達するまで後見人の保護下に置かれ、その後見人たちの背任行為によって、潤沢にあった父の遺産を奪われてしまう。しかし物心つき、世態人情を解す年頃に至って、ようやく遺産横領の事実を知り、受けた不正を償わせるべきわが身の務めを意識し始めたと思われる。デモステネスの伝記の第一級資料「デモステネス全集」(*Demosthenis*

Corpus）には、彼ら後見人たちの不正を質《ただ》し、財産回復を訴えて、みごと勝訴を勝ち取った裁判の原告弁論全文が収録されている。その詳細は第二章で取りあげることにして、若きデモステネスが逆境をはねのけて、前途はるかな人生の門出に立ったとき、その頃のアテナイはどんな空気に覆われていたのかをまず見よう。

前三九〇年代のコリントス戦争に加わり、標的のスパルタに抗してふたたび大国への地位に返り咲く勢いのポリス・アテナイの様子は上に述べた（10－11頁参照）。輝かしい前世紀の栄光をふたたび手にする日もまぢかという政治家たちの喧伝に、胸をふくらませる市民も少なくなかった。

そんな時代に幼少年期を過ごしたデモステネスであったが、父デモステネスは（父子同名なので、以下「父デモステネス」と呼ぶ）は、数十人の作業奴隷を擁する刀剣類とベッド作りの作業場を所有し、多額の金銭を人に貸して、海運投資、象牙や鉄の取引にもかかわる新興富裕層に属する市民であった。しかし父デモステネスの義母は、スキュティア人の娘であり、純正なアテナイ人の血統を何よりも尊ぶ当時のアテナイ社会で、この非アテナイ系の出自は、後年政敵の格好の攻撃材料になる。

さて、当時アテナイには公的な初等教育機関はなかったから、少年デモステネスは、中上流層の子弟のお決まりのコースである、読み書きや音楽の個人教授ないし私塾また体育訓練場（ジム）に通う日々を過ごした。しかし生来虚弱な体質であることを心配した母親は、激しい運動に参加することを許さなかったと伝えられる（Plu. *Dem.* 4. 3）。

少年たち

体育はアテナイの少年教育の第一の柱で、ジムに通う少年たちは教師の厳しい監督指導のもと、徒競争や格闘技で運動能力の向上に励んだ。弱々しく、仲間との競技に馴染めぬデモステネスは、ともすれば他の少年たちのいじめの対象になったらしい（*Plu. Dem.* 4. 3）。神経質で怯えやすく、物事に過敏すぎて、すぐに仲間の輪に入る快活さに乏しかったため、なにかといえば家に引きこもって孤独な時間を過ごすことが多かったと伝記作家は伝える。こうした幼少年期の日常ゆえであろうか、成人してからも、いつも眉間に皺をよせ、憂鬱そうな顔つきを見られることが少なくなかったという。

成人とともにどうにか克服した「頼りなげな」性格を、壮年の頃は逆に意識して、祝い事などあれば、周囲に対してことさらに陽気にふるまったりしたが、その人格の原型は本人も気づかぬ折にふと顕われてしまうらしい。後年係争相手に「軟弱で女のごとき性《さが》の人間」と揶揄され、こんな当てこすりを言われている。

「かりに誰かが、友人を告発する弁論の作成中に君が身にまとっている、そのしゃれた単衣《ひとえ》ものとふんわりした打ち掛けを剥ぎ取って、裁判員たちの手から手へ回して見せたとすれば、前もってそう知らされないかぎり、手にした衣類が男のものか、女のものか、（裁判員たちは）判断に苦しむだろう」（*Aes. I.* 131）

父の死

七歳で父を失ったことは、少年デモステネスの生活をも大きく変えた。死期を悟った父デモステネスが、いまわの際に遺した言葉の相手は、アポボス（自分の妹の息子すなわちデモステネスのいとこ）、デモポン（自分の弟デモンの息子すなわちデモステネスのいとこ）、テリッピデス（父デモステネスの古くからの友人で同じパイアニア区の区民）、つまり嫡子デモステネスが成人するまで、後見人としてこの三人に後事を託すというのである。さらに妻クレオブレを嫁資《かし》（持参金）をつけてアポボスに再嫁させるなど、三人の後見人に手厚く報いる手筈も整えていた。妻や娘を親族に与えておいて死ぬという行為は、古代ギリシアではごくあたりまえのことであった。たとえば成功した銀行家が、信頼する番頭に妻を与えると言い遺して死ぬ、それによって銀行は消滅の危機を免れて無事存続し、これに依存する人々の暮らしも守られる、など、事例はほかにも多くある。

踏みにじられた父の遺志

しかしながら三人の後見人は、父デモステネスの遺志を踏みにじった。少年デモステネスが、恵まれた環境をいつの間にか失っていることに気づき、大きな衝撃を受けたであろうことは想像に難くない。刀剣とベッド作りの作業場は、まもなく消滅あるいは縮小化し、「まともな塾に通う」日々にとって代わって、「先生たちに支払う謝礼金にさえ事欠く」生活が続いた（Plu.*Dem*.4.2）。近しい人たち（老年の家内奴隷なども）から話を聞き、この窮状が後見人たちの遺産横領によるものであることを知ると、悲嘆の日々を送る母と、二歳年下の妹を持つ身のデモステネスの心に、次第に不正と闘おうという強固な意志が芽生えたと思われる。

アテナイでは、十八歳に達した少年は成年資格審査（ドキマシアー）を受けて、合格すれば正式に市民に、つまり一人前になる。前三六六年、十八歳になったデモステネスはこの資格審査に無事に合格した。父が愛児の将来を託した後見の期間が終わったわけである。後見人たちは、それまでの財産管理の明細を報告して、預っていた全財産を償還しなければならない。ところが彼らがデモステネスに渡した財産は、遺産総額の十分の一にも満たなかった。デモステネスは、まずは私的仲裁による横領分の返還を求めることから始めた。

遺産の返還請求——私的仲裁・公的仲裁

この種の私的紛争の処理は、国有機関である民衆法廷に委ねることもできるが、その前の段階で、私的仲裁（ディアイタ）で解決を計ることが一般的であった。何についての仲裁であるか、誰を仲裁人にするか、について係争者双方が合意し、仲裁人役を依頼することから始める。公正に仲裁を行なう旨の仲裁人の宣誓を得て下された裁定には、法的拘束力があるが、裁定まで至らずに、示談、和解で終わることもある。ただこの方式でうまくいかない案件が少なくないのは、仲裁人選定に（ときには事実を隠して）当事者が身内や知人を挙げることが多かったからである。

デモステネスの場合、三人の後見人のうちアポボスとデモポンはいずれも父デモステネスの甥つまりデモステネスのいとこであり、テリッピデスはパイアニア区民であり、父の終生の友人という、本来信義を守ってくれるはずの人間たちだった。デモステネスは三人を相手に個別に仲裁を要請し、それぞれに仲裁人を依頼し、一件ずつ裁定を求めた。このうちアポボスとの仲裁事例だけが、現存弁論作品から跡付けられる。

それによると、アポボスとの仲裁には、まず双方にとって知人であるパノスら三人を仲裁人として依頼した。所定の日にアテナ女神の神殿に赴いたデモステネスは（仲裁は通常神殿など公的な場所で行われて、無関係な他人が傍聴することを妨げない）、パノスらの仲裁人宣誓も得たあと、自分の言い分を申し述べ、アポボスの言い分も聞いた。いまや対等に後見人たちと話し合える年齢・立場に立ったデモステネスの話しぶりは、年長者への礼節を弁えながら、周到かつ説得的であったと推測される。

アポボスは八〇ムナもの嫁資とともに、故人の妻を与えられるという懇篤な配慮をもって遇されていたが、仲裁が進み、どうやら自分に不利な裁定が下されそうだと気づくやいなや、仲裁人三人を解任した。

私的仲裁が不成功に終われば、次は公的仲裁を依頼するのがふつうである。係争額が一〇ドラクマ以下であれば、係争者所属外の部族（アテナイ市民は、それぞれの始祖として神や英雄の名を持つ一〇の部族に分けられ、その下部組織として区がある）の事案担当者四人が裁定を下す。一〇ドラクマ以上であれば、これら区ごとの裁定人（「四十人」の通称で呼ばれる）を介して案件は公的仲裁役に送られた（ドラクマ等、アテナイの貨幣単位・制度の概略は、85－86頁を参照）。

公的仲裁役（ディアイテーテース）は、すべてのアテナイ市民が六十歳になる年の一年間、担当案件を籤で割り当てられて務める役柄である。任務不履行であれば罰則が適用されたのであるから、公職者（役人）に準ずる重要な位置づけであった。ちなみにアテナイでは、公私の仲裁に併せて、民衆法廷の裁判員任務（一生に複数回勤められた）もあり、裁判経験が豊富な市民は少なくなかった（Th. 1. 77. 1; Ps.-X. *Ath. Pol.* 3. 2）。

さてアポボスは、公的仲裁でも不利な裁定を受けた。アポボスが、父デモステネスは莫大な負債を遺したと申し立てながらその証拠も示さず、責任をあと二人の後見人になすりつけようとしたのを、公的仲裁役は見咎めたのである。やけっぱちのアポボスは啖呵を切って言い放っただろう、こうなれば民衆法廷の裁判に持ちこんで、この青二才（デモステネス）に「参った」と言わせてやろう、と。

デモステネスもすでに覚悟は決めていた、あまりにも大きな損害を回復するには、公式な裁判に訴えて横領の全容を明らかにし、正義の裁断を仰ぐことが、最もたしかな、しかも自分にもできる正攻法であると。訴訟好きといわれたアテナイで、その類いの裁判沙汰はしょっちゅう耳にしていた。私的仲裁と公的仲裁を経たいま、後見人による不正の実態を具体的に示し、民衆法廷に財産横領事件として提訴する準備をデモステネスは万全に整えた。

ただデモステネスが後見人たちを提訴したのは成年後二年を経た前三六四年の夏であり、彼ら後見人の報告の虚偽、未償還の隠蔽を確認してからもほぼ二年後である。その間デモステネスの胸には強い意欲と不安が交錯しただろう、自分の利益と正当性を守って弁じる言葉が、数百人にのぼる民衆法廷の裁判員団の耳に届き、その心をとらえることができるか、と。同じころ、彼が遺産取り返しに甘んじず、より高い次元への志を抱いた出来事があったと伝えられる。

2 当代屈指の雄弁家の肉声に接す

アテナイ北部のテバイとの国境に位置するオロポスは、年来両国が領有権を争ってきた枢要の地で、前三六六年その地を奪われたアテナイは、政治家カリストラトスにオロポス失陥のとがを帰し、彼を国家反逆罪で裁きにかけた。カリストラトスは、上に述べた第二次アテナイ海上軍事同盟の設立を推進し、その後のアテナイとスパルタとの間の和平協定締結（前三七一年）に、主導的役割を果たした大物政治家である（X. *Hel.* 6. 3. 10）。スパルタを覇者の地位から蹴落としたテバイが、すぐさま強大化するのを抑えたいアテナイが、立場を転じてスパルタと組んだのである。したがっていまや敵対するテバイ相手の要衝オロポスの亡失は、厳刑を免れえぬ国事犯を意味した。民主政アテナイでは、優れた国家的貢献を認められる人物でも、だからといって犯した罪への刑罰を免れることはない。容赦なくその責任を問われるのである。被告となったカリストラトスが、たとえ当代随一と謳われた雄弁家であっても、はたして無事に身の証《あか》しを立てられるかどうかに、国中が注目して異常な興奮が巻き起こっていた。伝記作家プルタルコスによれば、デモステネスもようやくのことで、その声を聴くことのできる人込みの中にもぐりこんだ。被告席に立ったカリストラトスは、奪還に死力を尽くしながら事成らなかった無念の衷情を、圧倒的な弁舌をもって吐露した。判決は無罪放免であった。伝記作家プルタルコスが続けて言うところによると、人間の感情を弁論をもって統御できる途方もない力をその人（カリストラトス）に見たデモステネスは、それからは他の勉強や少年らしい娯楽をことごとく棄て去り、いつの日か自分も雄弁家となる決意を固め、非常な克己心をもって、弁論を独学した、とのことである（Plu. *Dem.* 5.3）。この記事はデモステネスが「弁論」の「ものみなを馴致《じゅんち》し、従わせる力」に目を開かれ、これに生涯を賭けようという大志を抱いた瞬間を伝えるものであろう。デモステネスのカリストラトスへの敬意は、生涯失われることはなかった（Dem. XVIII. 219; XIX. 297）。

弁論術習得に励む

後見人の不正摘発という現実的な問題から出発しながら、この出来事によって強烈な弁論志向を胸にしてからのデモステネスは、まさに血のにじむような努力を重ねた。ひ弱と言われた心身を完璧に矯めなおそうと、彼が自分に課した苛酷な訓練・修行のあれこれが伝えられる。苦手であったR音の発音や吃吶《きっとつ》の癖を直すために、小石を口に含んで発音練習をした、恥ずかしくて人前に出られないように髪の毛を半分剃り落とし、地下室（洞窟、とも）に何日もこもって演説の練習をした、息を切らして坂を駆け上ったり、走りながら叙事詩を朗誦する苦行を重ねた、朗々と弁ずるべきとき、肩をぶざまにゆする癖を直そうと、天井から短剣（あるいは焼き串）を吊るしておいて、恐くて動けないようにして姿勢矯正に努めた等々、また俳優のネオプトレモスに一万ドラクマ払って副文節の入る複雑な長文を、一息で言い切るコツを教わった、とも（Ps.-Plu. *Mor.* 844E-F）。

こうして生来の欠点を乗り越え、公衆の面前で語ると思うだけで委縮してしまう気弱さを克服する一方で、弁論家イサイオスのもとで熱心に弁論術を学んだ。イサイオスはエウボイア島のカルキス出身の居留外国人であったが、先に挙げたイソクラテスの弁論学校で修業した後、アテナイで弁論術教授者兼代作者として生計を立てていた。

弁論代作（他人の弁論の作成）の看板をかかげたイサイオスの得意分野は、相続問題の訴訟であった。デモステネスがイサイオスについたのは、自分に必要な師はイサイオスだと考えたからか、それともイソクラテスの取る高額の授業料が払えず、涙を呑んで諦めたからか、本当のところはわからない。

後見人職務に関する私訴を起こす

上に述べたように、デモステネスが民衆法廷に後見人たちを提訴した前三六四年は、彼が後見人たちの不正を確認してからほぼ二年後である。この二年を、デモステネスは仲裁等のほか、どう過ごしていたのか。アテナイでは、市民資格を認められた十八歳男子は、最初の二年間兵役見習い（エペーベイアー）に出る。誓いとともに国有の槍や盾等武器の貸与を受け、用法習得の一年を経てペイライエウス港の警備に配置され、続く二年目に国境周辺の防衛にあたる。デモステネスはこの任務のため居住地に不在であったのではないか、それゆえ提訴がお預けになっていたのではないか、という推測もある一方で、兵役見習いの男子が相続財産にかかわる係争中であれば、見習い任務はその間免除されたという説もある。いずれであれ、成年デモステネスの空白の二年間については、じつのところたしかなことはわからない。あるいはイサイオス直伝の法廷論戦になお改良の余地ありと考えて、ひたすら準備に専念していたのかもしれない（Ps.-Plu. *Mor.* 844C-D; Plu. *Dem.* 5. 4）。

他方アポボス側は、私的仲裁・公的仲裁のいずれにも失敗し、この若造めが、と怒り心頭に発しつつも、なーに、踏んだ場数《ばかず》も比較にならない、裁判にさえかければ、ひとたまりもあるまいと、なお見くびっていたようである。しかし油断しているうちに、デモステネスに先を越されてしまった。デモステネスが民衆法廷に「後見人職務に関する私訴（ディケー・エピトロペース）」を申請したのである。アテナイの法制度では、訴訟は大まかに私訴と公訴に分類される。係争が私的損益にかかわるか、公共の利害得失にかかわるかの違いともいえるが、一番明確な区別は、私訴では被害者とその親族だけが訴追権を持つが（被害者訴追主義）、公訴においては、市民なら誰でも、公民権停止などの処分を受けていないかぎり提訴できる（民衆訴追主義）、という違いである。（裁判員の数からいえば、私訴では、係争額が一〇〇〇ドラクマ以下の案件であれば二〇一人、それ以上であれば四〇一人、公訴では五〇一人が判決を下す。）

アポボスと同時に、残る二人の後見人デモポン、テリッピデスをもデモステネスは同じ訴因で訴えた。一〇年間の資産運用の利益を累計した、正当に受け取るべき遺産総額は三〇タラントンという計算で、各々に一〇タラントンを賠償請求して提訴したのである。前三六四／六三年（デモステネス二十歳）後半のことである。

後見人とグル？

ところが後見人たちと法廷で相まみえるはずの日の直前に、デモステネスは思わぬことに躓いた。仕掛けられた罠に危うく陥りかけたのである。アポボスの知り合い（とあとでわかったのだが）のトラシュロコスなる富裕市民が、三段櫂船（軍船）奉仕役の指名を受けた自分の代替役として、負担額二〇ムナを負担するか、さもなくば自分と「財産交換」をせよ、と要求してきたのである。三段櫂船奉仕は、裕福な市民に求められる公共奉仕の一つであり、トラシュロコスはその年の奉仕役に指名されて、もう一人の共同奉仕役とともに、三段櫂船一隻の艤装・整備・戦闘指揮を課せられ、経費については折半して二〇ムナを払うことになっていた。

アテナイには市民一般に広く税を課す制度がなく、公共事業の経費は、一定の資産（三タラントン以上ともいわれる）を有する富裕市民・在留外国人の寄付で賄われていた。指名を受けて奉仕役を務めることは、市民としてこの上ない名誉である。自己犠牲を顧みず国家公共のために尽くすことは、ポリス市民の最高の美徳だからである（ちなみに議会演説や法廷弁論に立つ者が、自分がこれまでに果たした公共奉仕を列挙し、その履歴を誇示することは、政治家として認められるために有効な手段として頻用された）。

とはいってもしかし、三段櫂船奉仕は大ディオニュシア祭等の合唱隊奉仕、松明《たいまつ》競争奉仕、祭典時の部族饗宴奉仕等と一〇〇以上を数える公共奉仕の中でも、最も負担が大きかった。名誉ある指名とはいえ、責務を重荷に感じるようになった富裕市民が、その務めを忌避する傾向は、すでに前世紀末に見られ、前四世紀には加速した。彼らが利用した奉仕役回避策の一つが「財産交換」（アンティドシス）である。

「財産交換」

「財産交換」とは、指名された富裕市民が、自分より金持ちと思える有産市民を見つけ出し、代わりに公共奉仕役を引き受けてくれるか、さもなくば自分と「財産交換」をしてくれ、と要求することができる公的制度である。要求された相手が、より裕福なのはたしかに自分だと認めるなら、認めた人は当該の奉仕役を引き受けなければならないが、要請者の方が裕福だと反論するなら、要請者は「それではあなたの全財産を私の全財産と交換してください」と要求することができる。二者択一のいずれも拒否され、双方が一歩も譲らず、解決の糸口が見つからないとなれば、事案は民衆法廷に持ち込まれて、最終的に「適任者選定裁判」（ディアディカシアー）にかけられる。財産交換を要請した者、された者のどちらがより裕福で三段櫂船奉仕に適任かが、双方の弁論を聴いた裁判員の投票多数決によって決められる。適任と判定された者は、奉仕業務を行なう義務を負う。（ちなみに適任者選定裁判で一つの対象案件を争う人間が二人以上いる場合には、争点（争われる権利または義務）をめぐって、原告被告の対決ではなく、複数の係争者が同じ資格で審理に臨み、それぞれの弁論を聴いた裁判員が、最適任者を多数決で選ぶという仕組みになっている。）

それにしても、財産をまるごと他人の財産と交換せよとは、なんとも無茶な話だが、もともとは過重な負担を強いられる公共奉仕役への救済策として考案され、指名された公共奉仕役に、奉仕回避の、あるいは軽減の道を用意するように計られた公式の制度である。国家側からすれば、公共奉仕の脱落者を補填して、安定的に公共奉仕制度を維持できるという効用がある。また重い負担を強いられる富裕市民の恨みを、国家にではなく、財産交換の相手に向けさせ、同時に必要な互いの財産査定を私人にさせられるという利点もあった。

さて、トラシュロコスに難題をふっかけられたデモステネスは、自分の方がより裕福だと認めるなら、三段櫂船奉仕役を引き受け、二〇ムナという少なからぬ金額を負担しなければならない。トラシュロコスの方が裕福だと反論するなら、自分の全財産をトラシュロコスのそれと交換しなければならない。デモステネスは「適任者選定裁判」を申請して財産交換の一件を早くかたづけたかった。開廷されれば少なくとも自分の財産を公《おおやけ》に開示して、それが後見人によっていかに不当に奪われたかを、裁判員団の前で明らかにすることができるだろう。

アテナイの裁判

ここで断っておかねばならないことは、現代のわれわれが知る裁判と、アテナイにおけるそれとの違いである。アテナイでは、前述のように、司法の専門家としての裁判官も検察官も弁護士もいない。判決を下すのは、一般市民から籤で選ばれ、毎年交替する裁判員団である。裁判当日の早朝に行われる各裁判員への担当事案の割り当てなど、すべて籤引きによるのは、贈収賄など不正を未然にふせぐためである。開廷が宣されると、原告と被告がそれぞれ水時計で測られる所定の時間をいっぱいに使って所信を述べる。演説（弁論）は双方とも二回まで許され、共同弁論人を立てる場合は、自分の持ち時間内に含めねばならない。それらが終わると、裁判員がただちに投票具を持って投票箱に向かう。投票前に裁判員同士の協議や討論はない。ということは、原告・被告それぞれの、いわば「言いっぱなし」の演説を聴いただけで、どちらに理があるかを裁判員各自が判断するということである。したがって係争当事者にとっては、何よりも弁論の力が勝負であった。どんなに重大な事案でも、自分の生命を護るための唯一の手段は弁論であった。

何のこれしき

さて、デモステネスはいきなり目の前に立ちはだかった新たな敵に一瞬たじろいだが、すぐに我に返り、何のこれしき、「適任者選定裁判」で、準備万全の弁論をもって目に物見せてくれようと奮い立った。師イサイオス伝授の弁論術はもとより、過日傍聴して以来念頭を去らない政治家カリストラトスの卓絶した雄弁の記憶が、言うべきこと、攻めるべき点をおのずからに示して、気力満々のデモステネスを勇み立たせた。

とはいってもしかし、事態はあまりにも切迫し、かつ微妙であった。前述の後見人裁判の開廷が数日後に迫っている。もし後見人裁判で勝訴し（デモステネスとしては勝訴をこそ願っているわけだが）、その勝訴によって認定されるデモステネスの資産額の方が、トラシュロコスの資産額より大きいとすれば、それをもって公共奉仕に適格と適任者選定裁判で判定されるかもしれない。さらに後見人裁判で出す予定の証人にも、調整が必要になるだろうが、そんな時間的余裕もない。二十歳のデモステネスは思案の末、筋書きを変えた。まずは財産交換に応じ、土壇場で拒否するという窮余の一策に賭けたのである。世間一般に、一応財産交換の要請に応じ、あとで不成立に持ち込んだ事例がなくはないことは耳にしている。法に違わぬ行いでさえあれば、そういう手を使っても差し支えないはずだ。しかしながらデモステネスは、トラシュロコスの「財産交換」に仕込まれた落とし穴に、すぐには気づかなかった節《ふし》がある。

「財産交換」を始めるには、三段櫂船奉仕を管轄する将軍の許可を求めねばならず、認可されれば三日後に、当事者はそれぞれ、正直な言動をしますと誓うとともに、自分の全財産を相手に開示しなければならない。それと同時に、双方が互いに相手の全財産を調査査定する権利を与えられる。トラシュロコスは財産交換の許可を得て、調査査定の権利を行使するためにデモステネスの家に来るだろう。そこでデモステネスは、わざと立ち入りを拒否する。つまり法で認められている立ち入り調査を拒絶されれば、トラシュロコスは即刻将軍のもとに駆け込んで不当行為だと訴えるだろう。担当役人である将軍はしょっちゅう起こる財産交換をめぐるトラブル処理には慣れており、面倒を避けて躊躇なく民衆法廷による「適任者選定裁判」に回付するだろう。とにかく、審判者の前で弁ずる機会が与えられれば、相手方の陰険陋劣な横領の実態を白日のもとにさらし、財産を奪われた自分に三段櫂船奉仕をする資力はとうていないことを示すことができる。デモステネスはそう確信したと思われる。

危うく罠をすり抜ける

ところが「後見人職務に関する訴訟」の開廷の数日前に、調査のために弟メイディアスと連れだってやって来たトラシュロコスは、予期せぬ門前払いを喰らって憤然と将軍庁に直行すると思いきや、すでに交換の受諾を得たからこの家は自分のものだと言って、デモステネスの家の戸を押し破って侵入し、母と幼い妹の前で口汚い言葉を吐き、デモステネスに対しても散々な罵言を浴びせた（後日デモステネスはこの暴言を、罵詈雑言罪（カケーゴリアー）の罪名で告訴している）。そしてトラシュロコスはデモステネスの財産に付随する後見人訴追の権利をも手に入れたので、アポボスらへの訴訟を取り下げたとうそぶいた。たしかに財産がトラシュロコスに移れば、デモステネスの財産に関するすべての権利、財産の管理人であったアポボスらを告訴する権利もトラシュロコスの手に移る。そこでトラシュロコスが取り下げれば、アポボスらはデモステネスに訴えられた後見人裁判から解放されるという算段である。アポボス救済のために悪友（とは知らなかった!）トラシュロコスが仕組んだ罠に、デモステネスはこのとき初めて気づいたのかもしれない。だがもう時間がなかった。しかしながら、後見人裁判の訴権だけは取り戻さねばならない。万やむをえず、デモステネスは、家を抵当に入れ、どうにか三段櫂船奉仕の費用二〇ムナを捻出してトラシュロコスに支払った。危うく失いかけた後見人裁判の訴権をなんとか取り戻したのである。トラシュロコスはその二〇ムナで三段櫂船奉仕の下請け業者を雇って、自分は軍船搭乗義務を免れた（記録文献はないが、三段櫂船奉仕を行ったという名目だけは自分に残して、「模範市民」の箔《はく》付けを逃さなかったと思われる）。

この事件で悪役を演じたのはトラシュロコスであったが、彼には一緒に事を運んだ弟がいて、その弟メイディアスの方が名を知られている。メイディアスはデモステネスより十歳以上年長であったが、鉱山経営等で築いた富をもって中央政界で存在感を示し、デモステネスが政治家の道を歩み出してからも、終生彼の前に鬱然と立ちはだかる有力政治家でありつづける。のちに政策外交面での意見の対立から、公訴の法廷で相まみえさえするが、このときメイディアスの名は決定的に唾棄すべきものとして若きデモステネスの脳裏に刻み込まれたようである。

さて、ようやく後見人訴追の権利だけは手元に残したデモステネスは、上に記したように、まずアポボスを相手取った後見人職務に関する裁判に臨んだ（前三六四／六三年）。現存するデモステネスの生涯最初の法廷弁論『アポボス弾劾　第一演説』以下五編がその記録である。

第2章……デモステネス初陣を飾る

1 『アポボス弾劾演説』

『アポボス弾劾　第一演説』

「かりにもしアポボスに、裁判員のみなさん、正義にかなった行動を取るか、さもなければ、われわれの間の係争を近しい人間に委ねる気があったなら、裁判はもとより、煩わしい諸々の手続きでさえ、いっさい必要ではなかったでしょう。というのも、彼ら［近しい人間］が下した裁定を受け入れればそれで十分であり、そうなれば、私とこの男の間に争いごとなどまったくなくなっていたはずだからです……裁判員のみなさん。弁舌にも長け、策を弄する力もある連中を相手に、全財産をかけた戦いを挑むことなど、若さゆえにこの世界にまったく経験がない人間においそれとできることではありません。それでも［私は］……多くの希望を抱いているのです。みなさんなら正しい裁きを下してくださるはずだ、事実を詳しく説明するということであれば、こんな私にも十分に話すことができる、そうすれば、みなさんがこれから投票しなければならないこの一件について、事の真相を、細かい点でさえも余さず理解してくださるはずだ、と思うからです」（Dem. XXVII. 1-2）

こう前置きして裁判員の正義感に強く訴え、背任行為のあらましをまず示して、その全容を明らかにしていく『アポボス弾劾　第一演説』に、裁判員たちは全身を耳にして聴き入っただろう。父はおよそ一四タラントンに上る資産を有していたが、デモステネスが成年時に後見人から受け取った遺産は、金額にして七〇ムナ相当、すなわち父の逝去時の財産額の十二分の一しかなかった、前述のように、アポボスには寡婦となるクレオブレを、八〇ムナの嫁資を持たせて家と家具の使用権とともに妻として与え、テリッピデスには七〇ムナの利用権を後見終了の日まで与え、デモポンにはデモステネスの二歳下の妹を許嫁《いいなずけ》として与え、将来の婚姻時の嫁資二タラントンとその利用権を、いまだちに与える等、父は後見人への行き届いた配慮を示したうえで息を引き取った。しかし幼いデモステネスをアポボスの膝に載せて、将来への配慮を依頼した父の願いを後見人たちはことごとく無視し私利私欲に走った、と後見の実状を語るデモステネスの陳述は要点をおさえて無駄がない。

「刀剣職人三二ないし三三人……ベッド作りの職人二〇人……加工材料としての象牙と鉄、木材、あわせておよそ八〇ムナ相当、購入費七〇ムナの染料と銅……一方海運投資に七〇ムナ、銀行預金二四〇〇ドラクマ、同じく六〇〇ドラクマ、貸付金一六〇〇ドラクマ、ほかにも二〇〇か三〇〇ドラクマ……」

(Dem. XXVII. 9-11)（ドラクマ等、アテナイの貨幣単位・制度の概略は85－86頁参照）

と金額、人員数など精確詳細な数字を適所々々に配することによって、確実に説得力が高まることに手ごたえを感じたのであろう。〝数字に強い〟は、生涯デモステネスの弁論の武器になる。

これらの事業にまつわる不正にもまして、デモステネスが追及して退《ひ》かないのは、父の遺言書をアポボスらが隠していることである。あるいはすでに破棄したのか、けっきょく遺言書は最後まで発見されずに終わるが、遺言書で父デモステネスは、所有する不動産の貸し出しについて明確な指示を与えていたはずである。一般に後見人に課される職務の一つに、預る財産のうちの不動産を貸し出して、被後見人のために収益を上げるという職務がある。しかしアポボスらはその務めを怠った。デモステネスは遺言書の指示をどう実行したかを厳しく問いただすが、アポボスは以下のように言い逃れようとしたらしい（アポボスの被告弁論は現存しない）。デモステネスの母方の祖父ギュロンは、国庫への借金を返済しないまま死亡した。ギュロンには二人の娘があり、そのうちの一人を妻とした父デモステネスは、不動産の貸し出しをすれば、所有不動産の評価額が公《おおやけ》にされ、法律上孫にまで相続の及ぶギュロンの負債が、国権による没収の対象になることを危惧したため、不動産貸し出しの公開入札参加を望まなかった。また遺言書の公表も望まなかった。よって後見人の不動産運用の義務不履行を指弾するデモステネスの訴えは的外れである、と。およそこうした趣旨の説明をアポボスはしたのであろう、デモステネスは、祖父はその借金を何年も前に完済した、父は財産隠しなどしていない、とアポボスの邪論をきっぱり否定した。

『アポボス弾劾　第二演説』

私訴裁判では係争者はそれぞれ二度の演説を許されるので、現存する『アポボス弾劾　第二演説』は、最初の原告弁論『アポボス弾劾　第一演説』に対して行われたアポボスの被告弁論に答えるかたちで、もう一回短時間の陳述を行う弁論である。この第二演説で、デモステネスは遺言書隠しをさらに追及し、加えて遺産の多くが父デモステネスの借金支払いに消えたという後見人たちの主張になんら根拠はないこと、四タラントンが土中に埋められているはずだというアポボスの馬鹿げた主張などを激しく論難する。

結果はデモステネスの勝利であった。裁判員団はアポボス有罪（敗訴）を宣した。続いては量刑判決がある。量刑判決とは、原告被告がそれぞれ妥当と考える罰金額を提示し、どちらを採るかを裁判員団が投票で決める手続きである。本件では裁判員団は、アポボス側の提示額一タラントンを斥け、デモステネスの提示額一〇タラントンを採択した。上に述べたように、それぞれ一〇タラントンの賠償金を求めて法廷で対決した残る二人の後見人デモポンとテリッピデスにも、デモステネスは勝訴した。

敗訴のアポボスは？

アポボスは敗訴で命じられた一〇タラントンの賠償金を、おとなしく支払うような男ではなかった。後見人裁判でデモステネス側の証人として立ったパノスらを、ほぼ二年後の前三六二年に偽証罪で訴えた。パノスはこの係争の最初に私的仲裁で事を解決しようとして双方が依頼した仲裁人でもあったが、アポボスはそのパノスらの偽証ゆえに、自分は敗訴という不当な判決を受けたと抗議して、偽証罪でパノスを告発したのである。

むろん偽証罪でパノスを有罪にすれば、さきのデモステネス相手の裁判の判決をひっくり返せるという魂胆から、アポボスがパノス訴追に及んだことはたしかだが、それよりも、さきの有罪判決で科された一〇タラントンもの賠償金の支払いを、なんとか引き延ばし、あげくに逃げ切ろうというのがアポボスの狙いであることは、デモステネスにはもちろんのこと、誰の目にも明らかであった。パノスが偽証罪で訴えられた裁判で、デモステネスは被告パノスを支援する共同弁論人として弁じた。『アポボスへの抗弁』がそれである。裁判は被告パノスの無罪放免に終わった。

アポボスの悪あがき

アポボスはこれでも黙って退《ひ》き下がりはしなかった。一〇タラントン支払いの義務を先送りにしたまま隣国メガラに移住した。その際アポボスはあとに残す家のドアを取り外し、貯水槽を壊し、家財道具をできるかぎり持ち出し、奴隷たちはよそに移して、差し押さえの手を付けられないようにして立ち去った。デモステネスによる差し押さえを実行不可能にするために手を打ったのである。というのも賠償金支払いがされないのであるから、デモステネスは合法的にアポボスの財産を押収できたはずである。（あとでわかったことだが、アポボスはさらなる報復策をも講じていた。家を兄弟アイシオスに贈与として与えていたのである。デモステネスが差し押さえを実行するつもりなら、アイシオス相手に裁判を起こさねばならないように、裏面工作をしたのである。）

家屋だけでなく、さらに地所についてもアポボスは巧妙なすり抜けの策をめぐらした。アポボス所有の地所に赴いたデモステネスに対し、アポボスの義理の弟オネトルが、その土地は妹の結婚時に、彼女の法的後見人である自分に権利が移ったものだと言って、立ち入りを阻止したのである。オネトルはその地所の一画に立てた担保柱を指してこう言った、アポボスに嫁した妹は離婚して自分のところ（実家）に帰ってきたが、アポボスが離婚時の夫側の義務とされる嫁資返却を怠ったので、妹の後見人である自分がアポボスの財産のうちの、嫁資の金額に相当する不動産を差し押さえた、よってその（建物と）地所はアポボスではなく、自分に権利がある、と。こう言ってデモステネスによる差し押さえ無効を主張したのである。

オネトルはさきの後見人職務不履行裁判でアポボスの敗訴が決まって、賠償金をいくらとするかという量刑審査に入ったとき、デモステネスが一〇タラントンを提示したのに対し、一タラントンを提示した被告アポボスのために席を立ち、裁判員団に向かって、自分はその一タラントン支払いの保証人になってもいい、と涙を流して懇願した。二年後にアポボスがパノスらを偽証罪で訴えたときも、証人として立ってアポボスを助けた。妹を妻としてアポボスに与えている身であるから、義理の弟としてこんかぎりに努めたわけである。

オネトルの妹は前三六六年にアポボスに嫁す前に、資産一〇〇〇タラントン以上といわれる富裕市民ティモクラテスと結婚していた。しかし彼女をアポボスに嫁がせたいと思ったオネトルは、ティモクラテスから離婚の合意を得るが（ティモクラテスが別の裕福な家付き娘との結婚を望んでいたから話は進んだと、後世の作品解説者は記している）、妹を嫁がせるときに持たせた嫁資一タラントンは、規定に反して離婚後もティモクラテスの手元にとどめられていた。

嫁資（プロイクス）とは、妻となる女性の保護者（父親もしくは祖父、兄弟）と夫となる男性との間で交わされる婚約時に、額面が取り決められる持参金のことである。定型的な挨拶を交わし嫁資受け渡し、受け取りの形式を踏むことは、結婚が正式のものであることを証するために必須の手続きであった（Isae. *III*. 29, 39）。結婚後嫁資の管理・利用権は夫にあり、夫は自由に運用して家産をふやす元手《もとで》にすることはできたが、妻が死別や離婚で夫の家を離れる際には、嫁資は妻の実家に返還されなければならなかった。離婚時に支払わない夫は、全額返還まで年一八パーセントの利子を払わねばならない。通常の借金利子率は年一二パーセントであるから、一八パーセントは高率である。嫁資を返却しない夫は「ディケー・シートゥー（扶養の私訴）」、利子を払わない夫は「ディケー・プロイコス（嫁資未返還の私訴）」を起こされることを恐れねばならなかった（Arist. *Ath. Pol.* 52. 2）。つまり嫁資の実質的意義は、実家が嫁がせた娘の食い扶ちを保証することが第一、第二は、夫が嫁資未返還の場合に起こされるディケー・プロイコスを恐れて、恣意的な離婚言い渡しをしないようにである。

さて、オネトルの妹の嫁資はどうなったか？ ティモクラテスから離婚に当たってオネトルに返還され、オネトルからアポボスに渡されるはずの嫁資一タラントンを、ティモクラテスはなお手元に持っていた。じつはティモクラテスの合意を得て、オネトルはティモクラテスがアポボスに五オボロスの利率（年利一〇パーセント）で借りていることにするという取り決めを結んでいたのである。離婚となれば即金で嫁資一タラントンを妻の実家（＝オネトル）に払い戻すだけの余裕を十分に持つティモクラテスが、こんな変則的な取り決めに応じたのはなぜか？ （デモステネスの言うところでは）成年に達したデモステネスが後見人職務に関する訴訟をまもなく起こすらしいが、アポボスの敗訴による財産差し押さえの可能性が予測されるとすると、嫁資一タラントンをアポボスの手元に置くのはまずいと判断したからだ、との理由だそうである。

2 束になってかかってこい

『オネトルへの抗弁　第一、第二演説』

というわけでオネトルによれば、妹の嫁資は先夫ティモクラテスのところに置かれたまま、妹自身はアポボスとの結婚そしてまた離婚をしたことになる。そしてデモステネスが邸宅の敷地に足を踏み入れるのをなんとか阻止したいオネトルは、上述のように担保柱を小道具に使ってあくまで自分の所有だと言い張って義兄アポボスの家屋敷を手放すまいとする。といっても彼の〝担保柱戦略〟とは、後見人職務に関する裁判の前にアポボスの家と地所に担保柱を立てておきながら、アポボスが敗訴すると、家の方の担保柱を引き抜いて、その分だけ嫁資の額を少なく見せかけたという幼稚なものであった。こんな見え透いた詐術を弄するオネトルを追い詰めるのに、デモステネスが取った法的手段は、所有権回復を求めてオネトルを告訴することであった。所有権回復訴訟（ディケー・エクスーレース）は、損害を受けたと損害賠償請求裁判（ディケー・ブラベース）で認められた勝訴者が、敗訴者から損害を回復できないこと等を訴因に起こす訴訟である。被告（オネトル）は敗訴すると、原告（デモステネス）に係争額に相当する賠償金を払わされるうえに、賠償額と同額の罰金を国庫に支払うまで国庫負債者リストに名前を記され、公民権停止に処せられる。被害者のみが起こせる訴訟であるので私訴の範疇に属すが、国庫へ債務を伴うところが他の私訴と異なる。

デモステネスは『オネトルへの抗弁　第一、第二演説』をもって猛然と攻める、オネトルの妹のアポボスからの離婚はアポボスの敗訴が決まってから彼らが思いついた作り話であり、担保柱は自分（デモステネス）を排除するために立てた偽りの標識にすぎない、と。

「あたかも妹の離婚は成立していて、［嫁資を］払ったのに取り返すことができないかのように［オネトルは］装い、土地はその担保として得たものだと言って、不敵にも私をそこから追い出すという所業に出たのです」（Dem. XXX. 8）

つまりデモステネスはオネトルの妹と先夫との離婚を偽装と見破り、担保柱云々も、デモステネスによる後見人職務に関する裁判が起こされそうだと知ってから捏造された悪質なシナリオだと責める。だがオネトルは、容易に兜を脱がない。再婚した妹はふたたびアポボスからも離婚したが、その離婚は正式にアルコーン（筆頭執政官）に出された離婚届によって成立していると躱《かわ》し、デモステネスの議論を突き崩そうとする。ここで読者は誰しも思うだろう、そもそも婚姻届けを公的機関が受け付ける制度のないアテナイで、離婚だけがアルコーンに届け出られるのはなぜか？

アテナイでの離婚は、そうと決めたら夫の側にはいとも簡単で、公的手続きは何も要らず、ただ家から妻を追い出すだけでよかった。これに対して妻が離婚を望んだ場合は、管轄機関である筆頭アルコーンのもとに届け出て初めて、正式に離婚が成立した。だがアルコーンの前に出頭して離婚を届け出る役目は男性のものである。嫁資返還や扶養の私訴の類いを起こされかねない等の懸念が抑止力としてはたらき、夫がそう簡単には離婚を言い渡せないということは上に述べたが、そうした問題が解決済みであり、離婚後の妻の立場は保証されているということの確認のために、アルコーンへの離婚届けが必要とされたのであろうと、弱者である女性保護の意義を汲み取る解釈もある。

それはともかく、この場合はオネトルとアポボスが事に当たった。デモステネスは、アルコーンへの届出は世間の目をくらます田舎芝居だと食い下がり、嫁資はまったく支払われていないと断言する。

じつはオネトルとアポボスの〝お芝居〟を説破するのはかなり難しい。アポボスは隣接市メガラに移住したが、しばしばアテナイに戻って来ていた。そしてアテナイ逗留の間義弟オネトルの家に止宿する。そこにはオネトルの妹がいる。ではいったい彼女は離婚した女として実家に戻り、保護者（兄オネトル）のもとで暮らしているのか、それともアポボスの妻として、たまたま夫とともに実家に居るのか、誰にも明言はできまい。

ところでアポボスは、彼自身一〇タラントン以上を遺産相続した富裕者だったが、オネトルも、資産三〇タラントン以上といわれる大金持ちで、かつて上記のイソクラテスの門下にあった（師イソクラテスによれば、オネトルは「優れた人格者であり、私財の多くを擲《なげう》ってポリスに寄与した」（Isoc. XIV. 94）ため、黄金の冠で顕彰されたとのことである）。デモステネスの猛攻を跳ね返そうと、オネトルが展開したであろう弁論は現存しない。しかしいやしくもイソクラテスの講筵《こうえん》に列したオネトルとあれば、あるいは手ごわい弁明であったかもしれない。

なにはともあれ、デモステネスは今回も圧勝した。アテナイ中がその噂でもちきりになった。しかし一連の訴訟から、じっさいにデモステネスがどれだけ遺産を取り戻せたかは疑わしい。伝記作家プルタルコス『デモステネス伝』は、「父の遺産の大部分を取り返すことはできなかった」（Plu. *Dem*. 6. 1）と記している。別の伝承では、判決で認められた賠償額から「鐚《びた》一文も取立てたりしなかったのである。一人には負債を抱えることを、別の一人には恩義を感じることさえも免れさせてやった」と伝えられる（Ps.-Plu. *Mor*. 844D）。

真相はいずれであれ、この若さで人生経験も人脈も豊富な年長の有力市民を向こうに回して得た勝利は、弁論の道を志すデモステネスに輝かしい未来像を描かせたであろう。心情的にも、焦りと怒りと人間不信に絶望した年月が長かっただけに、夜明けの新鮮な空気に触れたような爽快感を覚えたであろう。プルタルコスはこの一件の記述にこう書き足している「弁論に対する度胸が据わり、十分に場慣れもして、勝訴で味わう誇らしさと能力に自信を得たので、公の場に出て、政治の道に一歩を踏み出した」（Plu. *Dem*. 6. 1）。（付け加えて言えば、父デモステネスの遺言により、アポボスに妻として与えられるはずであった寡婦クレオブレは、アポボスとの結婚を拒み、幼なかったデモステネスと妹を連れて自分の姉のもとに身を寄せたという。そしてアポボスの方は、クレオブレに父デモステネスが持たせた嫁資八〇ムナを「彼女と結婚する気があるかのように、すでに自分のものにする一方で、欲に目がくらんで」(デモステネスの言葉)メリテ区の富豪ピロニデスの娘と結婚している。)

第3章 アテナイ情勢

1 ギリシア世界、混迷を深める

デモステネスが一連の後見人訴訟にようやくけりをつけた年は、「マンティネイアの戦い」の終結の年（前三六二年秋）、すなわちアテナイ・スパルタの連携（22、51頁参照）にテバイが屈して、覇権国家の座を降りた年である。テバイはそれまでのほぼ一〇年間、ボイオティア（中央ギリシア）連盟のいわば盟主として威を誇っていた。前三七一年にレウクトラの戦いでスパルタに勝利して以降、ボイオティア諸国に監視の目を光らせるだけでなく、陸軍大国スパルタに取って代わってペロポネソス半島にまで支配の手を伸ばしていたのである。これを見て警戒心を募らせたのが、隣国アテナイである。アテナイ自身は、上に述べたように、ペロポネソス戦争敗北後の急速な復興により、前三七八／七七年に第二次アテナイ海上軍事同盟を発足させ、二年後のスパルタ艦隊撃破（前三七六年、ナクソスの海戦）

に勢いづいたが、テバイの強大化をにらみつつ、次第に旧デロス同盟時代の帝国型支配を復活させていく。当初、同盟国に自治と国制選択の自由を保障し、「分担金」を任意拠出とし、出向役人や守備隊も常駐させず、あらゆるかたちのアテナイ市民による入植を放棄することを謳っていた同盟規約は次第に空文化し、〝盟主の盟友国統制義務〟を口実に、アテナイは海上同盟国への支配を強めていった。

覇権争いは世の常

一方、第二次アテナイ海上軍事同盟の設立時に加盟国であったテバイは、他の同盟諸国と共通の枠内に置かれて、盟主アテナイから制約を受ける立場を快く思わない。前三六六年夏に、旧来アテナイと領有権を争ってきた国境の地オロポスを奪取し（22頁参照）、なおペロポネソス半島に伸ばした手も威権増大に効あるものの、アテナイの海上同盟傘下にあっては思うように動けないのがなんとも苛立たしい。そこで前三六四年にペルシアからの金銭的援助も得て、三段櫂船一〇〇隻を建造して、エーゲ海への進出をはかる。またアテナイがスパルタへの抵抗から一転して手を結び（前三七一年）、ともに征服と植民を推し進める展開にもはや不信ぬぐいがたく、第二次アテナイ海上軍事同盟の内部崩壊を画策しはじめた。同じくアテナイ傘下にある国々が反感と不満を募らせていたことを利用して、黒海沿岸・エーゲ海東岸の海上軍事同盟諸国に離反をけしかけたのである。同盟諸国の多くは、しかし、すぐにはテバイのそそのかしに乗らなかった。海軍国としての実績を持たないテバイとは、距離を置く方が賢明と判断したからである。しかしビュザンティオンとケオス島だけはテバイの誘いに動いた。ビュザンティオンは黒海からアテナイに向かう穀物輸送船を拿捕するなどの実力行使を繰り返し、事実上の海上同盟離脱を果たす。他のいくつかの海上同盟諸国も、離反に急傾斜しつつ、前三五七年の同盟市戦争（アテナイvsアテナイ海上軍事同盟諸国）に向かって突き進む。

海上同盟網のほころびに悩まされるアテナイは、西方でも油断していられなかった。マンティネイアの戦いの終結と同年に、エーゲ海西方のペパレトス島（第二次海上軍事同盟加盟国）を、テッサリア地方のペライの僭主アレクサンドロスに奪われたのである。アレクサンドロスは、さきにテバイに攻められて苦戦した折に（前三六七年）、破滅を免れるための援助を与えてくれたアテナイと同盟を結んだが、粗暴、貪婪な無法者と嫌われたこの独裁者は、いつ寝返っても不思議ではなかったのだろう。

それやこれやで海上同盟の基盤が揺らぎかねない事態さえ憂慮されたが、アテナイはペパレトス島亡失と同年に終結したマンティネイアの戦いでは勝者として戦勝記念碑を建て、休戦協定のもとで戦死者の遺体を持ち帰った。ただしこの戦いの奇妙なところは、自軍の名将を失いながら激しくアテナイ・スパルタに抗戦したテバイも、勝者と自称して戦勝記念碑を建て、休戦協定のもとで戦死者の遺体を持ち帰ったことである。敵味方双方がともに勝利を主張したこの戦いについて、歴史家は、マンティネイアの戦いは終わったが、ギリシア世界はそれ以前にもまして乱れ、混迷を深めた、と言っている（X. *Hel.* 7.5.27）。

泰然としていられない事態に焦るアテナイの最大の悩みは、慢性的財政難であった。前世紀のデロス同盟時代に同盟諸国からの貢納金（ポロス）で成り立っていたアテナイ海軍財政が、もはや拠出を渋る同盟諸国からの分担金（シュンタクシス、嫌われた名称ポロスをこの名に置き換えていた）では賄《まかな》えきれなくなっていた。逼迫の度を増す軍事財政のひずみをもろに被るのは、対外拡張政策の先兵である将軍たちであった。すでに前三七三年には国外遠征の軍資金の大半が現地調達方式になっていたが（前三七三年以後という見解がある）、出動艦船数と作戦予定日数に応じて国から支給されるはずの遠征資金は、全くないか、あってもスズメの涙ほどに過ぎない。賃金を将軍からもらえない兵員たちは略奪暴行に走り、現地住民の激しい憎悪を買った。一方アテナイでは生活苦にあえぐ貧困市民が、将兵たちの遠征先での蛮行を聞いても、非とも奇ともしないどころか、略奪狼藉を遠征軍の常態と見て、持ち帰れる戦利品の余沢を待ち望む無産者さえ少なくなかった。ますます膨れ上がる傭兵人口を養うための、酷税に耐えかねた有産者の怨嗟の声は街衢《がいく》を満たした。

その間なお弁論の錬磨に励みつつ、いよいよ政治への志《こころざし》を高めていたデモステネスは、こうした国内外の情勢を敏感に受け止めていたであろう。

2 売れっ子代作者デモステネス

デモステネスの遺産返還訴訟における勝訴は、たちまちアテナイ中に知れわたり、評判を取った弁才を買われて、次々に弁論代作を依頼されるようになる。すでに触れたが、弁論代作とは、法廷での弁論の経験が浅かったり、自前の演説では勝訴はおぼつかないと危惧する係争当事者が、練達の文章家に裁判用の弁論作成を依頼するものであり、係争者はそれを諳《そら》んじて裁きの庭に臨むのである。前五世紀末には有償で弁論を代作した事例が伝えられるが（アンティポン（前四八〇頃—四一一年）、Ps. Plu. *Mor.* 832C; Ant. *fr.* 1a）、世紀が改まって民主政の復活とともに訴訟ばやりの様相を急速に濃くするアテナイで、私訴公訴とりまぜて、裁判事案が目白押しに続くと、代作者は重宝がられ、まもなく弁論代作は職業として定着した。しかし、雨後の筍のように現われた「弁論代作者」に、ともすれば不信の眼が向けられたのも事実である。黒を白と言いくるめる怪しい商売だ、美辞麗句で人をたぶらかして荒稼ぎする怪しからん人種だ等と非難されることも少なくなかった。代作料は一般に高額で、とくに有能な弁論代作者が多額の報酬を得て、さらに事後に文書として流通させ、蓄財に成功すると、早耳、迅目《はやめ》のアテナイ雀《スズメ》が見逃す道理はなかった。加えて「弁論代作業」が、アマチュアリズムを基本概念とする民主政にそぐわない、いかがわしいものとして、猜疑の目を向けられた節《ふし》も否めない（Isoc. XV. 41; Hyp. III. 3）。

ところでデモステネスはオネトル裁判の二年後（前三六〇／五九年）二十四歳の年には三段櫂船奉仕役を務めている。つまり公共奉仕を負担すべき富裕者の一人に数えられているのである。後見人に身ぐるみ剥がれ、訴訟での圧勝にもかかわらず、取り返せた遺産は無きに等しかったという伝記作家の記事を上に引いたが、遺産をじっさいにどの程度回収できたかは、じつのところわからない。しかし短期間でデモステネスが富裕層への復帰を果たしたとすれば、その実績には、弁論代作業で得た報酬が少なからず寄与したであろう。だが彼自身は後年代作業の前歴に触れられることを極端に嫌った。政治参加など公的活動が基本的に無償であった民主政社会で、弁論代作の代価として金銭を取ることは蔑視された向きがある（Hyp. *III*. 3）。一方で、特定の個人が急速に手にする富には、嫉視羨望の視線が注がれずには済まなかった。そうでなくても「猜疑心が強く……敵意と嫉みを抱きやすい」（Nep. *Tim*.3、217頁参照）と言われたアテナイ人である。ひっぱりだこの弁論代作者デモステネスに、どれほど妬ましげな視線が浴びせられたかは、想像に余りある（Aes. *II*. 173）。

ほぼ数年後、三十歳で民会に弁論家（＝政治家）として登場するまでのこの時期、デモステネスは代作に加えて年若い生徒への弁論術指南に多忙を極めた。私訴・公訴両種の弁論代作の依頼を受けて書いた作品が現代にまで伝えられている。（しかしここでお断りしておかねばならないことは、デモステネス全集（*Corpus Demosthenis*）として伝承されてきたほぼ六〇編の作品中には、他人の作品がかなり混入しているということである。後世の学者・修辞家が多数の弁論作品を整理編集した際に、作者不明のものは、とりあえず〝古代ギリシア第一の〟弁論家デモステネスの作品集に入れたためである。）

私訴弁論代作

いつの世にもどこにでもある私的係争が法廷にまで持ち込まれる事例には、この時期のアテナイにおいても事欠かない。非行グループを暴行罪で告発する、輸入商品を横取りされたと外国人貿易商を訴える、知らぬ間に保証人にされ、金銭貸借のいざこざに巻き込まれた等々。また同名の異母兄弟に対して、父親の認知・命名の不備を悪用するその名を変えよと迫るご仁《じん》や、洪水で自宅敷地に受けた被害は、水路を遮った隣人の塀のせいであると難癖をつける住人、世代ごとに養子縁組をして、子供の養育費を三代にわたって押し付けられたと申し立てる初老の男等々、デモステネスが手掛けたことがほぼ確定的な代作私訴弁論からも、武器ならぬ弁論が、当時のアテナイ市民の生活必需品であったことがわかる。市井の人、著名人を問わず、言いたいこと、言うべきことを何でも言える弁論をもって社会秩序を守る訴訟は、市民生活の不可欠な営みであった。

公訴弁論代作

公訴弁論代作にも意欲的にかかわったデモステネスは、次第に政界の熱気に染まっていったようである。そもそも公訴を起こすことは、私訴より大きな危険を覚悟しなければならなかった。敗訴の場合の刑罰が厳しい上に、仇敵など立場を異にする個人・集団の強力な対抗訴訟ないし報復を恐れねばならない。しかし逆に公訴における勝利は、飛躍的に公的発言力を増大させ、世評をも高めた。とりわけ政治家にとって公訴で勝訴すると、国家戦略の先兵となって自分の思うままに国を導く契機となりうる。若き代作者デモステネスは、これら公訴に政治生命をかけ、代作弁論に熱い思いを託す政治家たちに応えて、矢継ぎ早に注文をこなして行った。

現存する四編の公訴代作弁論は、いずれも「違法提案に対する公訴」のために書かれている。「違法提案に対する公訴」とは、提案された民会決議案が現行の法律に違反するという申し立てが、妥当か否かを審理するものである（93、160、215頁参照）。（前述の〝新生アテナイ〟の法制改革で、時限的なものである「民会決議」は、恒久的な「法律」の下位に位置づけられ、「民会決議」は現行の「法律」に違反するものであってはならないとされた。有罪であれば、刑は一〇タラントンの高額罰金（Dem. *LVIII*. 31）、さらに死刑すらありえた（Dem. *XXIV*. 138）。）

現存のデモステネスの代作弁論四編は、当該提案の違法性あるいは合法性について、必要にして十分な分量の議論はあるものの、政治的党派間の抗争にかかわる記述が大部《たいぶ》を占め、政治弁論の色彩が濃い。（ここで断っておくと、「党派」は現代政治において主義・主張などを同じくする政治家から成り、一定の綱領や規約を持つ「政党」ではない。富と社会的名声に秀でた有力市民を中心に、主にその縁戚・友人等の比較的少数の仲間が、政治・外交から社交にいたるまで姿勢・活動をともにする、個人的絆《きずな》を特徴とする集団である。）

民会動議に当たって、政務審議会の先議を経なければならないという法律を不敵にも無視した辣腕政治家を告発する『アンドロティオン弾劾』（前三五五年）をはじめ、国家的恩人への礼節を忘れた不徳義な立法を非難する『レプティネスへの抗弁』（前三五五年）、国庫負債未弁済ゆえに投獄されかねない仲間を救うために、条件つきで返済延期を認める、一見「人道的」な法律提案を追及する『ティモクラテス弾劾』（前三五三／五二年）、さる強力な党派の動議によって、特権的待遇が与えられようとする非アテナイ人の傭兵隊長が、いかに欺瞞と忘恩を重ねたアテナイの敵であるかを縷説《るせつ》して、動議撤廃を求める『アリストクラテス弾劾』（前三五二年）と、これら四弁論からも、はげしい政争の不協和音が聞こえてくる。このように勝訴を目指して鎬《しのぎ》をけずる政治家たちから、次々と寄せられる依頼に応えた公訴代作弁論は、現存作品のほかにも多数あったと推定されるが、ただ顧客の要望に応えるという代作の大前提ゆえに、デモステネス自身の政治的心情は、そうした政界狂騒曲のどのあたりに共鳴していたか推し量ることはむずかしい。あるいは押しも押されもせぬ有力政治家を、陋劣《ろうれつ》な悪党として印象づけ、あるいは有能ぶりを買われる傭兵隊長を、執拗なまでに憎々しく描き出す文節等、はたして代作者の仮面の裏にデモステネス自身の気持ちは完全に封じ込まれているのだろうか。

それはそれとして、公訴裁判を正念場に、のるかそるかの戦いに挑む政治家たちと膝を交えて日々代作に励むデモステネスは、いつしかやみがたい政治への衝動に突き動かされていったようである。

デモステネス、民会演説に立つ

前三五四年、デモステネスは『シュンモリアー（納税分担班）について』をもって民会の演壇に立ち、本格的な政界デビューを果たした。さきに述べたように、国家運営の最高機関である民会は、民主政治の牙城であり、聖域である（Arist. *Ath. Pol.* 43. 4-6）。浄めの子豚が持ち回られ、その血を混ぜた聖水を撒いて唱える祈りが、民会開催を告げる。供儀が終わると、提議する市民は頭上に冠を戴《いただ》いて登壇する。提議は神聖な務めだからである。しきたりどおりに被冠特権をもって初登壇したデモステネスは、誇らしい気持ちを抑えられなかったであろう。いまこの時が、民主政アテナイの市民としての、何にも代えがたい栄誉の時だ。

だが目下の状況は、エンバタ海戦での失態などから、アテナイが先に述べた同盟市戦争で敗戦の憂き目にあった直後である。ビュザンティオンに続く、キオス、コス、ロドス等盟友国の離反・独立を阻止できなかったアテナイにとって、屈辱の日々が続いていた。同盟市戦争敗北の真因は東の大帝国ペルシアにあると、もっぱらの噂であったからか、デモステネスの前に演説した弁論家は、ペルシアのアテナイ侵攻が迫っているいま、時を逃さず先制攻撃に出るべきだと主張して、煽動的な言辞を連ねた。一三〇年前のペルシア来寇時の市民の憤怒をよび起こそうと檄を飛ばしたのである。次いで演壇に立ったデモステネスは、いまはそのときではない、まずは軍事財政の健全化が先決だと訴えた。そのためのシュンモリアー改修案を提示したのである。

シュンモリアーとは、公共奉仕に携わる市民の納税のために組織された「納税分担班」のことである。艦隊出動など国家事業が富裕市民の拠出金で賄われることは上に述べたが、同じ富裕層でも「金持ちはわずかな出費で……小金しか持たない市民はなけなしのものまで取り上げられ」る事態を生み(Dem. XVIII. 102)、納税者間の不満が鬱積していた現状に鑑み、デモステネスは納税班の組織方法の調整や拠出額の割合など数字を細かく挙げて修正案を示し、さらに三段櫂船の出動準備、軍港区画の割り振り等、海戦に万全を期すための要件を漏れなく述べた。これを実行すれば、〝エーゲ海の覇者〟アテナイ海軍のもとに、背を向けていたギリシア諸国もわれ先にと馳せ参じるであろう、その時こそペルシアに向かうべきだと力を込めて弁じ、聴衆の胸に海軍国アテナイの誇りを呼び戻そうとした。

デモステネスはこの時点で圧倒的戦力の差のある対ペルシア開戦の荒唐無稽さを認識していたが、そうは言わず、謙遜と批正をほどよく按配《あんばい》した言葉遣いで、ペルシアへの宣戦布告にはやる政治家たちを牽制したつもりであった。後世の評者が言うとおり、この弁論の題目は「ペルシア王に関する政策について」とあるべきだとすれば、時局に鋭く切り込んだ弁論であった。

弁論家に耳を傾けよ

緻密かつ堅実な将来計画に、熱烈な憂国の情を込めてお目見えした新進政治家デモステネスであったが、民会場の反応は散々であった。会場プニュクスの丘は、パルテノン神殿をまじかに見ることのできる小高い丘で、アゴラ（中央広場）の喧騒から離れているとはいえ、六〇〇〇余の市民が集まる場所である。一〇の部属別の区分けで木製ベンチに腰を下ろす決まりになってはいるが、青臭い登壇者をからかいの好餌にしようとしてか、あるいは気に食わない古顔を引っ込まそうとしてか、徒党を組んで目立つ席を占有する連中が少なくなかったらしい。民会の議事進行に討論工程はなく、登壇者全員の弁論が終わると、ただちに出席者の投票・決議に入る。前の登壇者の提案に対し、後の登壇者が自分の口演中に批判ないし賛同を表明するのが、いわば討論にあたるため、演説者の登場の間合いを縫って聴衆席の市民が立ち、異論・意見等を言うこともある。ただし敵対する徒党の弁論を罵詈雑言の連発で封じる等、目に余る規律違反者はスキュティア人番人に容赦なくつまみ出された。

動議案件があらかじめ政務審議会による先議にかけられることは上に述べた。これを通過し民会にかけられた案件は、まずプロケイロトニアーと呼ばれる先行挙手投票によって、民会議題として採択するか否かが決められる（Arist. *Arist. Pol.* 43. 6）。そこで触れ役が「五十歳以上で発言したい人はいますか？」と問うのに応えて、年長者が意見を述べると、続いて弱年者も発言する。その後で、ようやく弁論家の動議演説が始められる。

ある弁論家は、以前見られたこうした規律や年長者を敬うといった礼節が、いまはすっかり失われ、民会が無秩序な集団になった現状を嘆いている。じじつ前三四六／四五年には民会綱紀粛清のための法律が設けられ、聴衆の野次叫喚、囃し立て、過度の拍手や喝采による議事進行の妨害を防ぐため、演壇に最も近い聴衆席を当番部族に割り当てて、輪番で監督させた（Aes. *I*. 33）。

上に述べたように、デモステネスの初登場は、同盟市戦争敗北後の国運逼塞《ひっそく》時である。動議者が備えるべき品格を貶めることなく登壇したデモステネスであったが、束の間の安逸を貪り、晴れない気持ちでプニュクスの丘に集まった民衆にとって、この新人の辞句を凝らした文書調は、複雑で耳障りなものでしかなかった。意味の通りにくい、うんざりするほど長い副文節の連鎖に、聴衆はたちまちそっぽを向いてしまう。同時に野次やけたたましい声かけなど、嵐のような喧噪に襲われると、初心《うぶ》な登壇者はたちまち身をすくませてしまう。弁論家に耳を傾けることは聴衆の務めだと婉曲に促すものの（Dem. *I*. 1）「船に乗って船酔いしている」（Arist. *Rh*. 1407a）ような民会聴衆を制御することは並大抵のことではない。

もっとも少数ながら、デモステネスの慎重な対外姿勢を評価する市民はいた。有力政治家エウブロスは、弱年に似合わぬ冷徹犀利な現状分析を褒め、前途有望な青年政治家として遇してくれた。けっきょく対ペルシア開戦は、エウブロスの唱導どおり回避された。

野次集団と折り合う？

民会の演壇に立つことは、政治家として認知されるための第一の関門であったが、自説との共振作用を認める有力政治家がいることは、おおいに励みになった。翌前三五三／五二年には、アテナイとの同盟を求めるメガロポリスと、これを阻止しようとするスパルタからの両国使節来訪の際に、分断された国内世論と、さらに隣国テバイがからむ国際情勢を見据えて、『メガロポリス市民のために』を、続けて前三五一／五〇年には『ロドス人解放のために』を弁じて、法と正義の守り手、民主政アテナイの使命を熱っぽく弁じた。

わずかとはいえ前回より手ごたえを感じ、新顔の登場につきものの野次喚《わめ》き声にも少し慣れ、政治的勘を養う貴重な体験ともなった口演であったが、相変わらず芳しくない聴衆の反応に、気が滅入りがちのデモステネスは自問自答したであろう。先見の明ある政情分析とか鋭い政策評価とかを明瞭に語る術《すべ》は、たしかに弁論家が目指す説得への王道ではある。しかし目の前にいる聴き手たちは、むしろ「温かみがある」「頼りになる」といった、本能的に感じ取るものにより強く親しみを感じるのではないか。そうだ、そこを押さえることだ。とにかく生まれつきの声量の乏しさに引け目を感じているデモステネスにとって、足踏み、拍手喝采などで騒ぎたてる聴衆は、絶望的に立ち塞がる巨大な障碍物であった。しかし邪魔立てするものが厄介であればあるほど、これを手なずけようとかえって挑戦意欲を掻き立てられるのも、また彼の持ち前であった。

野次や騒乱はたしかに議事のさまたげになったが、一面、民衆の政治への関心のあらわれとも受け取れよう。つまり、民会の騒がしさは民主政国家ならではの民衆の生命力を証していると言えようか。寡頭政や独裁政下にある隷従民が何も言えないのと違って、誰でも言いたいことが言える、何を言ってもいい（もちろん責任を伴うが）、ということは、国家の存立・品格が言論の自由に基づいている民主政アテナイ以上に、生きて生きがいのある国はない、ということだ。そうとなればこの手の焼ける野次集団をなんとか味方に引き入れ、強力な支持層に仕立て上げることだ。それを踏み台に、国家の進むべき道の先導役となることは不可能ではない。政治家として動議・建策を行ない、自分の抱負を天下に展《の》べ布《し》くことができるほどの快事はないではないか。

政治の世界における上昇願望は、何にも勝ってデモステネスを衝き動かしたようである。手痛い失敗にくじけるときもあったが、なお夢に向かって奮い立つ若きデモステネスを伝えるエピソードがある。

眼から鱗——俳優サテュロスに出会う

あるとき追われるように降壇し、うちひしがれてとぼとぼと家路をたどっていると、なぜそんなにしょげてるのかと声をかけた者がいる。俳優のサテュロスであった。「自分はあらゆる弁論家の中で最も労苦を厭わず、そのために体力のほとんどすべてを費やしているのに、民衆の好意が得られない。一方で、酔っぱらった二日酔いの船乗りや無学の輩が耳を傾けられて演壇を独占しているのに、自分は無視されるばかりです」「その通りだ」とサテュロスは言った、「もしエウリピデスかソポクレスのせりふを私に暗唱して聞かせてくれれば、すぐ原因を突き止めて直してあげよう」。

そこでデモステネスがこれら悲劇のセリフを言うと、サテュロスは同じセリフを、それにふさわしい性格と心持の型を付けてやり直した。その瞬間、全くの別物が現われた。「デモステネスは言葉の美しさや身振り話しぶりがどれだけ力を増すかに気づき、発音や節廻しをおろそかにしては、折角の練習もほとんど、否まったく何の効果もあがらないと悟った」(Plu. *Dem.* 7. 2)。この経験は、コミュニケーション能力と人心掌握の術、そして口演者としての技量を磨く何よりの励みになったという。

後年、弁論家デモステネスの最大の得手は、効果的な身振り話しぶりすなわち演技であり、弁論で何が一番重要か、と人に聞かれて、一にも二にも演技、三にも演技(=パフォーマンス)と答えたと伝えられる(Ps.-Plu. *Mor.* 845B)。

第4章 内憂外患

1 マケドニア王ピリッポス二世

さて対ペルシア開戦論、メガロポリス、ロドス島等関係国との応接に暇《いとま》なしのアテナイに視線を戻すと、それまで同盟市戦争の後遺症もあってトラキア方面の権益保持にも積極性を欠く憾《うら》みがあったアテナイは（前三五五―三五一年）、マケドニアの支配者ピリッポスがケロネソス半島を越えてプロポンティス沿岸の城塞都市ヘライオン・テイコスを攻囲したとの知らせに、色を失った。とりあえず四十五歳以下の市民兵を載せた三段櫂船四〇隻派遣、六〇タラントンの戦時財産税の徴収を民会決議した（Dem. *III*. 4）。しかし、続けてピリッポス重患の報が舞い込むと出動をとりやめた。上にも触れたケロネソス半島は、アテナイにとって黒海からの穀物輸入ルートの中継地点であり、海上覇権の雌雄を決するヘレスポントス海域の要衝の地である。前七世紀なかばに市民を入植させて以来、なくてはならぬアテナイの国外基地になっていたが、前四〇四年、ペロポネソス戦争の敗北によってこれを失った。前三六〇年代に入って、アテナイはこの半島奪還に血道を上げた。なんとか前三五七年に利権を確保し（ただし、半島つけ根にあるカルディアだけは、アテナイとの友好協定に加わらなかった）、前三五三／五二年には主要都市セストスに市民を入植させていた。同年にヘレスポントス海域にまで足を伸ばしたピリッポスは、そんなアテナイにとってようやく北方の脅威、しかし気がつけば桁外れの威力を蔵した脅威になっていた。デモステネスが生涯をかけて闘った外敵ピリッポスを『ピリッポス弾劾　第一演説』をもって初めて民会演説の主題としたときは（前三五一年）、その脅威が一般にまだ十分認識されていなかったようである。弁論家たちがペルシア、スパルタ、公共奉仕など、その時々の論題の中でたまたま触れる、といった程度の関心にとどまっていた。

それまで何回か民会の演壇に立ったものの、聴衆からこれぞという感触を得られないデモステネスは、はたと気づいた。そうだ、誰も取り上げないがピリッポスという男、夷狄《いてき》とはいえ油断できない、ヘライオン・テイコスの包囲だと？　いつの間にそこまで力をつけたのか？　生意気な。しかし「北西の」季節風か冬が来るのをちゃんと待っていたとは！　いやはや、みくびってはならない、それに演説の論題として、少なくとも目新しさでは聴衆を振り向かせることができるではないか。彼は弁じた、

「「ピリッポスは死んだのか」「いや、ただ病気にかかっているだけだ」などと諸君は噂していますが、それがどう違うというのですか……。そもそも彼があんな強大な存在になったのは、彼（ピリッポス）自身の力によるのではなく、諸君の無関心がそうさせたのです。……ここにのんびりと座っていて、発言者たちが互いに罵り合ったり罪をなすりつけあっているのを聞いているだけ……」(Dem. *IV*. 11, 44)

マケドニア王ピリッポスなる貪婪《どんらん》野蛮な夷男《えびす》があれほどの勢力を手にしたのは、われわれの怠慢と無気力のせいだと、ようやく三十歳を少し過ぎた若輩の身ながら、市民の事なかれ主義・他人《ひと》まかせに喝を入れる熱弁である。しかしこの演題をもってしても、聴衆の関心はもうひとつであった。

夷《えびす》男、侮りがたし

さあれデモステネスの目の付け所は、間違いではなかった。ピリッポス二世の躍進は見過ごせない域に達していたのである。さかのぼって前三五九年に王権を手にしたピリッポス二世は、周縁の異民族による国土併呑の危険を断つや、またたく間にアンピポリス（前三五七年）、ピュドナ（前三五七年）、ポテイダイア（前三五六年）、メトネ（前三五四年、この戦いで片目を失う）と次々にアテナイの主要な国外拠点を制圧した。穀物輸入の中継地点としてなくてはならないアンピポリスを奪われたアテナイでは、奪還を叫ぶ徒党が、宣戦を、といきり立ったが、じっさいに矛を交えるまでには至らず、ピリッポスとの「アンピポリス戦争」は名のみにとどまった。なにぶん第二次アテナイ海上軍事同盟加盟諸国の離反や大国ペルシアの容喙に対処するのが精一杯のアテナイでは、〝蛮夷マケドニア〟を見下す風潮もあって、その名も庶民の耳には縁遠いものであった。デモステネス自身もさきに挙げた『レプティネスへの抗弁』などの法廷弁論、議会演説『シュンモリアーについて』でピリッポス二世の名に触れてはいるものの、もっぱら傭兵隊長どまりの強欲無節操な夷男《えびす》として引き合いに出すまでで、アテナイが総力挙げて処すべき大敵との認識には程遠かった。

いつの間に〝脅威〟に？

しかしピリッポス二世が王国内の深刻な分断を解消させて、一連の軍制改革によって陸軍を刷新したのは、アテナイが内外情勢の激変に右往左往していた三五〇年代のことである。ピリッポスは、兄《けい》弟《てい》牆《がき》に鬩《せめ》ぐ血みどろな王位争い、イリュリア人パイオニア人等による国境地帯の外的脅威等を克服し、悲惨な分裂状態にあった上下マケドニア（西と東）の統一を果たすと同時に軍制改革に手を付けた。訓練不足の農民の徴募兵から成る集団を、騎兵・歩兵等技術・戦法を身に付けた職業兵団に変え、サリーサと呼ばれる長槍など新型兵器類で装備させた（改革は統治期間中絶えず行われ、三五〇年頃には工学軍団を創設して、捻転発射機を考案させたりしている）。また征服した土地の改良、灌漑の普及等自然資源を無駄なく活用し、道路や町の建設等交通・通商を展開させて、事実上欠落していた経済活動の振興に努め、国力を飛躍的に増大させた。特筆すべきは内陸寄りのパンガイオン鉱山を押さえて、潤沢な金の産出に成功したことである。衡量制度を改めて新規に鋳造させた貨幣は、まもなくヨーロッパ最強の通貨となった。

ピリッポスの野望

南部国境からテッサリアの主要都市ペライや港湾の拠点パガサイを攻略してエーゲ海北部沿岸海域を制圧したピリッポスは、前三五二年夏、テッサリアを手なづけた余勢を駆って、中央ギリシア南下の関門テルモピュライを越えようとした。ところが思いがけず、アテナイ軍に〝撃退〟された。〝撃退〟といえば聞こえはいいが、実状を言えば、同じく防戦に駆けつけたスパルタとアルゴスの到着が遅れ、アテナイのみが出撃態勢に立ったのである。アテナイにとっては、国防の二大拠点と称された、海のヘレスポントスに並ぶ陸の枢要の地テルモピュライへの脅威である。アテナイ軍の布陣が意外に危なげないのを見たピリッポスは、ここで武力に訴えるのはまずいと判断して撤退作戦に転じ、マケドニアに引き揚げた。しかしアテナイ市民は自分たちの底力を見せつけたと快哉を叫び、祝勝の供犠を催して盛大に祝った。弁論家たちは〝迎撃勝利〟と喧伝し、アテナイは久々の〝快挙〟に沸いた。ピリッポスがいったんマケドニアに戻ったのち、すばやくトラキアに転じて加速的に侵略を進めていくのにも、浮かれっぱなしのアテナイはひととおりの警戒態勢で事足りるつもりでいたらしい。

しかしピリッポス急患の知らせで艦隊出動をとりやめた後も、デモステネスはピリッポスの軍事行動から目を逸らさなかった。健康を回復するや、ピリッポスがただちにカルキディケ半島に取って返し、半島の心臓部オリュントスに野心の矛先を向けて、周辺の小都市から巧妙な武断外交で侵略していくのを見たデモステネスは、さてこそと敵愾心をあらわにし、警戒の要を声高に説いた。デモステネスの念頭に、ピリッポスはにわかに比重の大きい存在になった。

死守すべきはオリュントスかエウボイアか

ピリッポスが狙いを定めたオリュントスは、アテナイにとっても簡単には手放せない北方の基地である。三〇近いポリスを束ねるカルキディケ同盟盟主オリュントスは、豊富な食物、森林資源、さらに鉱石、瀝青《チャン》、等自然の恵み豊かな土地柄に加えて、半島の数多い港湾を擁して交易で栄え、「いにしえより名も高き」(Just. 8. 3. 11)と称えられたポリスであった。前三七〇年代に第二次アテナイ海上軍事同盟に加入、その後離反、加盟を繰り返しながら、前三五七年にはピリッポスと同盟を結んでいた。しかしピリッポスの強大化に次第に疑念を抱き、前三五二／五一年にはアテナイとよりを戻し、和平協定を結ぶまでに接近し、さらに同盟に進もうとしていた。かたやアテナイにとっても枢要な北方の橋頭堡オリュントスの足元を、マケドニア王ピリッポス二世が脅かすとあっては、腕を拱《こまぬ》いてはいられない。前三四九年秋にはすでに、非常事態に入ったオリュントスからの援軍派遣要請が、アテナイに届いていた(Philoch. *fr.* 49, Ps.-Plu. *Mor.* 845E)。

ただちにデモステネスは、民会の演壇からオリュントス支援を訴えた……ピリッポスの究極の野望、すなわちわがアテナイに奴隷の頸木《くびき》をかけんものと本土南下を目論んでいることは火を見るよりも明らかだ……。危機感をあらわに対処の要を主張しても、なかなか動かない民会に痺れを切らしつつ、デモステネスのオリュントス救援演説は三度にわたった（三作とも『オリュントス情勢について（第一―第三演説）』の題名で現存する）。

エウボイア出兵

この時期アテナイはもう一つの災難に、上を下への大騒ぎになっていた。「アッティカそのものにもまさる富の源泉」（Th. 8. 96. 2）と言われたエウボイア島の内紛の火の粉が飛んできたのである。エウボイア島はアッティカ半島の東側に沿うように浮かび、戦略をはじめ万事に枢要な地である。アテナイとは、年来つかず離れずの付き合いが続いていた。

エウボイア島内の主要都市エレトリアとカルキスが敵対し、前者はアテナイに、後者はピリッポスに援軍を要請した（内紛はアテナイからの独立をそそのかすためにピリッポスが仕組んだ企みであったとは、デモステネスの解釈である（Dem. *IV*. 37））。

当時すでにピリッポスはテッサリアを支配下に置き、テルメ湾を越えてエウボイア島の諸都市にマケドニア党を生み出すまでに勢力を拡大していたが、対するエレトリアの独裁者プルタルコスから救援を求められたアテナイでは、かのメイディアスがエウボイア援助は焦眉の急、と世論を煽り強硬に持説を主張していた。重鎮エウブロスも彼に味方し、エウボイアの重要性を説いて出兵を民会提案した。メイディアスは、十数年前デモステネスが遺産返還訴訟で後見人告発に難渋していたときに、財産交換がらみの悪辣な手を使って、兄トラシュロコスと一緒に家の中にまで踏み込んできた男である。メイディアスはエレトリア市民プルタルコスの客人でもあった。（「客人」（クセノス）とは、ポリスを異にする上層市民同士が、互いに「主客関係」（クセニアー）を結び、相互信頼、扶助義務を誓い合う個人間の絆を指す。相手が自分のポリスを訪問滞在中、さまざまな便宜をはかった。）メイディアスは、エウボイア問題を看過すればアテナイの国益損傷は取り返しがつかないと説いて、エレトリア出兵の要をがむしゃらに唱えたのである。ただ一人デモステネスだけが反対した。いまこのとき、ピリッポスに言いがかりをつけられ、絶体絶命の窮地に立たされたオリュントス、彼の地の盟友を救わずしてアテナイに未来はあるか、と。ピリッポスの異母兄弟二人に避難所を提供したオリュントスに対し、ピリッポスは（前三五七年の）盟約に違反したとして、その二人の引き渡しを求めた。オリュントスがこれを断ると、ピリッポスは周辺の小ポリスを手始めにオリュントス侵攻を始めた（前三四九年）のである。けっきょくアテナイ民会は、有力政治家メイディアスらに従った。

前三四八年一月、将軍ポキオン麾下エウボイアに進攻したアテナイ軍は、しかし、エレトリア領内北東の地タミュナイで、カルキス側の主導者に包囲されて苦戦し、そのうえエレトリアで独裁者ばりの権力を振るうプルタルコスの背信もあって、いったん手にした勝利も、ポキオンの後任将軍モロッソスの敗北、捕囚でむなしく失い、あげくにエウボイアの独立宣言を許すという、盟主国の名折れともいうべき結末に終わる。

このときデモステネスの記憶の端にひっかかった人物がいた。タミュナイの戦闘で最前線に立ち、その果敢な働きを認められて現地で授冠され顕彰された男である。体躯堂々見るからに頑健そうで、どこかひ弱さを隠せないデモステネスには羨ましいかぎりであったが、その容姿・言動が記憶にこびりついて、激しい敵意にまで及ぶ経緯は後年の物語である。名をアイスキネスというこの男は、勝利戦を指揮した将軍ポキオンの交誼も得たのか、帰国後ふたたび冠を受けるという破格の栄誉に浴した。ポキオンは、抜群の戦闘力を頼まれて四五回も将軍に選ばれ、また誠実な人柄ゆえに「善き人」の名で尊敬されていた。けっして多弁ではないが、口を開けば寸鉄人を刺すといった類いの、独特な弁論家としても親しまれていた。

さて苦い結末を録することになるエウボイア出兵のさなか（前三四八年）、オリュントス出兵を唱えていたデモステネスは、国軍服務規程に従って従軍していた戦地エウボイアから途中でアテナイに帰国して、ただちにオリュントス援軍の唱導を再開すると同時に、ディテュランボス合唱舞踏隊公演準備にも戻り、多忙な日々を送った。ディテュランボス合唱舞踏隊とは、春に行われるディオニュシア祭の呼び物の一つであり、部族ごとに、舞い歌って技を競い合う合唱歌舞競演である。その奉仕役は、すでに触れた三段櫂船奉仕役とともに、きわめて重い負担を強いられる公共奉仕であったが、これをみずから申し出て務めることは、国家への大きな貢献として市民の尊敬を集めた。デモステネスはエウボイア出兵が民会決議されるより前に、ディテュランボス合唱舞踏隊奉仕役に名乗り出て引き受けていたのである。

法によれば、演劇上演の世話をする合唱舞踏隊奉仕役および出演者には、その間兵役免除の特典が与えられる。にもかかわらずデモステネスはエウボイア出兵に積極的に参加することによって、兵役を免除されたいがために合唱舞踏隊奉仕役を引き受けた、と言いふらすメイディアスのいやがらせを跳ね返したのである。

デモステネス、ビンタを喰らう

アテナイ将兵がエウボイアで死に物狂いで戦っていた頃、アテナイの市街地は、春の訪れとともに行われる大ディオニュシア祭（三月下旬ごろ）の前祝いの気分に浮かれていた。酒神ディオニュソスに捧げられる伝統的神事にはじまり、市民が何よりも楽しみにしている悲劇、喜劇、ディテュランボス合唱歌（成年男子、少年の二種）の競演が四日にわたって繰り広げられる祭典である。（ついでに言うなら、このような国難ないし非常時にも、アテナイ市民は戦争をしながら、一方で演劇上演等恒例の祭礼行事を欠かさず行っている。しかも「それらの祭りに費やされる費用は、これまでに派遣された遠征軍のどの一つにも注ぎこまれなかったほどの莫大なものであり、またこれらの祭礼には、すべての遠征軍のどれかにその例があったかどうかを私は知らないほどの、それほどに多くの人がつめかけて準備がなされているのです」と民会演説で嘆く弁論家がいるというのに、国家財政逼迫もなんのその、祭り中止など、アテナイ市民にとっては論外だったようである。）

ところでメイディアスは、しつこくデモステネスへの嫌がらせを続けていた。上演用の装身具や冠の注文先の金細工師の家に夜の間に侵入して、高価な道具類をめちゃめちゃにして使用に耐えなくしたり、ひそかに笛奏者の買収を企てたり、さらには正式の裁判にかけようとして、デモステネスはエウボイア出兵の従軍の途中で、帰国したいがために合唱舞踏隊奉仕の務めを口実にしたと申し立てたりしたのである。そしていよいよ祭礼当日となったとき、彼はむき出しの敵意を炸裂させた。合唱舞踏隊を先導するデモステネスが、晴れの衣装に身を包み、満員のディオニュソス劇場のオルケストラに登場した、その時である。ずかずかと歩み寄ってきたメイディアスが、デモステネスの顔面に拳骨をくらわしたのである。興奮に沸き立っていた観客席は、一瞬静まりかえった。デモステネスはその瞬間に自分が取った行動を、のちに起草したメイディアス告発弁論にこう記している。

「私は取り返しのつかないことが起こらないように、自制心をもって毅然と屈辱に耐え、何も防禦をしませんでした。では私が受けた仕打ちは、誰に償ってもらうのが適切でしょうか？　諸君と法律によってだというのが私の考えです。……侮辱行為をはたらいたすべての人間とすべての横暴な人間に対しては、怒りにまかせて自己防衛の行為に出るのではなく、諸君が法律による被害者の救済を保証し、監視していることを考えて、諸君の前に引き出すべきなのです」(Dem. XXI. 76)

一矢を報いる――瀆神罪告発？

ディオニュシア祭に続くパンディア祭終了後、祭礼期間中に起きた不祥事等の反省を主要議題に民会が開催される決まりになっている。その会場でデモステネスは、衆人環視の中での殴打という前代未聞の無礼をはたらいたメイディアスの罪を糾弾した。民会はプロボレー(予備挙手採決)と呼ばれる仮票決の形式で、メイディアスを有罪と判定した。しかしプロボレーの票決は、あくまで民会の意見を表わすものにとどまり、これを受けて裁判に持ち込むか否かは告発者自身が決める、という独特の司法手続きである。だが民会の支持により、わが意を得たりと意気込んだデモステネスは、メイディアスが起こしたこの祭礼期間中の暴力沙汰を、単なる一市民に対する侮辱行為ではなく、祭神に対する不敬行為にほかならないと断じ、ゆえに私訴ではなく、はるかに厳格な瀆神罪の公訴で裁かれるべきだという訴えをもって、原告弁論を作成した(『メイディアス弾劾　殴打について』現存)。文中では瀆神の罪状の綿密な分析に加えて、メイディアスの〝腐った根性〟〝意気地なし〟を完膚なきまでに暴露した。すなわち直近の民会によるエウボイア出兵可決後、出動兵員を籤で決める段に至って、メイディアスは「どうか当たりませんように」と祈って鎧《よろい》を装着しようとさえしなかった(Dem. XXI. 133)等、メイディアスの臆病・悪徳ぶりをこき下ろして、一矢を報いた。

しかしどういう事情でか、デモステネスはこの一件を訴訟には持ちこまなかったらしい。後年の政敵の言葉によると、「三〇ムナで売った」(Aes. *III*. 52) つまり、告訴取り下げを条件に、金銭的取引で決着をつけようというメイディアス側の申し出を受け入れたらしいのである。伝記作家は「まだ政治における勢力も名声も得ていなかった」(Plu. *Dem*. 12. 2) 若年ゆえに譲歩した、と注釈を入れているが、この種の示談ないし法廷外解決は、〝法治社会〟アテナイで珍しいことではなかった。

腐れ縁、メイディアス

メイディアスのデモステネスへの嫌がらせは、これらにとどまらない。出兵先のエウボイアのタミュナイでの混乱も、背信の男プルタルコスではなく、重装歩兵デモステネスが責められるべきだと民会演説で指弾したり (Dem. XXI. 110)、次年度 (前三四七/四六年) の政務審議会議員を務めることになったデモステネスを資格審査で邪魔したり、「一回と言わず何度でも死刑に値する」奸策を、メイディアスは弄したのである (政務審議会議員は他の公職と同じく籤引き、任期一年だが、原則的に一人一種一回と決められている公職一般の例外として、政務審議会議員は二回就任が許されていた。しかしじっさいに二度務める市民は限られた少数であった)。

だがデモステネスも負けてはいない。

「この男が合唱舞踏隊員の出征免除に反対して私たちを困らせた一件、あるいはディオニュシア祭典の監督役に立候補し、自分を選出するよう挙手採決をするよう迫った一件、あるいは、その他の似たような事件はすべて、まあ触れないでおきましょう」(Dem. XXI. 15)

でっちあげで戦列放棄罪の容疑をかけられたことに対しては、「自分〔メイディアス〕は三回もじっさいに戦列を放棄しているのに」と演壇からやり返している (Dem. XXI. 110)。悪口は資産、品行など私的言動に対しても容赦ない。鉱山事業で財を成した大金持ちメイディアスの贅沢三昧の生活を、皮肉たっぷりに描き出すデモステネスには、その瞬間聴衆席がいつになく熱心に耳を傾けてくれる。

「この男(メイディアス)がエレウシスに大邸宅を建てたため、その土地の家という家全部が日陰になってしまうほどであり、秘儀に妻を連れてきたり、それ以外のどこにでも自分が行きたい場所に二頭立ての白馬、それもシキュオン産の白馬が引く車で連れて行ったり、三、四人の従者を従え、アゴラをふんぞり返って歩き、キュンピオンやリュトスやピアレーといった高価な杯の名前を聞こえよがしに口にしたりするのです」(Dem. XXI. 158)

アテナイの法廷弁論には必ずと言っていいほど、われわれ現代人が首をひねるような人身攻撃がある。なにしろ係争に勝つことがすべてとあっては、いきおい相手がいかに品性劣悪な卑しい人間であるかを印象づけるのが早道とばかりに、問題の罪科をめぐる法的論議はそっちのけで、人格毀損、素性暴露、行状唾棄、それも誇張や歪曲、ときに事実のすりかえすら混じえて攻撃する。こうして被告がいかに厳刑に値する人間であるかをしたり顔で弁ずる原告は、同時に自分の市民としての功績を誇示することも忘れない。被告も負けずに同じように弁じる。しかも裁判員や傍聴者は、事実関係の究明よりも、そうした誹謗合戦・自慢話を面白がって聴くという風潮さえあった（Dem. *XVIII* 138, *XXIV* 203）。（ちなみに民会では、登壇者会衆ともに一定の礼節が求められ（13頁参照）、反論相手の名を出しての個人攻撃はご法度、身振り手振りも見苦しく羽目をはずすとたちまちブーイングを浴びせられるなど、ポリス市民としての品格が重んじられたとは弁論家の言葉であるが、はて、じっさいはどうであったか？　法廷ではその種の箍《たが》は緩やかであったという見方もある。）

結婚

ところでデモステネスがいつ結婚したかははっきりしないが、殴打事件の後頃ではないかと推測されている。前三三六年に十歳の娘（第一子）を亡くしたという後世の伝記の記事からの逆算による。妻はサモス島人ヘリオドロスの娘であった（Plu. *Dem.* 15. 3; Ps.-Plu. *Mor.* 847C）。

サモス島は前三六五年にアテナイが住民を追い出して支配下に置き、続いて何度かアテナイ市民を入植させた島である。「アテナイから欠け落ちたかけら」（Ath. 99d）と言われ、後年ピリッポス二世によるカイロネイア戦後の処理でも、アテナイから取り上げられずに領有が認められた島である。デモステネスの舅となるヘリオドロスが原住のサモス人であったか、入植したアテナイ市民であったかによって、息子二人と娘の身分が決まったと思われる。デモステネスの死後ほぼ四〇年経って彼の立像建立という顕彰提案を行なったデモカレスが、息子ではなく甥であったことからデモステネスの息子二人に市民権はなかったと推測する論者もいる。ただこののち生涯の宿敵となるアイスキネスが、弁論戦でデモステネスの母方の家系に非アテナイ人（スキュティア）の血があることを、再三攻撃の種にしているのに対し、妻の出自に関する疑惑や侮蔑を口にした箇所は見当たらない。ゆえに妻および息子のアテナイ市民権に問題はなかったという考えもある。

2 恐るべし、ピリッポス

オリュントス陥落

話を国際情勢に戻すと、メイディアスの動議によるエウボイア出兵が優先されたなかで、オリュントス救援提案に孤軍奮闘したデモステネスは、結果的に主張が受け入れられたことでおおいに名を上げた。ほとばしり出る憂国の情を抑えかねるかのように演壇から弁じて、「メイディアス一派に危うく八つ裂き」にされそうになりながら（後日の述懐）（Dem.Ⅴ.5）、三度に及ぶアテナイからのオリュントトス出兵をデモステネスは実現させた。マケドニア王ピリッポス二世による攻略に震え上がるオリュントスへ、一回目は将軍カレス率いる三段櫂船三〇隻と、軽装のトラキア人傭兵二〇〇〇名が送られ、二回目には翌年ケロネソス（エーゲ海北東部）にいた将軍カリデモス指揮下の騎兵隊員一五〇名、軽装兵四〇〇〇名、三段櫂船一八隻が北方オリュントスへ向かった（Philoc. *fr.* 49-50）。エウボイアからも騎兵隊の一部がオリュントスに移動した。

現地で指揮する将軍カリデモスは、マケドニア領南端の地を徹底破壊するなど、激しい攻撃戦を展開したが、ピリッポスの動きを止めることはできなかった。迅速かつ効率的なピリッポスの前進と大胆な贈賄作戦によって追い詰められたオリュントスは、繰り返してアテナイに救援を求めた。

しかしデモステネスが演壇から出兵を三度目に訴えて、あらたに送られた重装歩兵二〇〇〇名（傭兵でなく、市民兵をと乞われたので）（Philoch. *fr.* 51）、騎馬輸送船に搭乗させた騎兵三〇〇名、新規に出した三段櫂船一七隻（Philoc. *fr.* 49-51）が、ふたたび将軍カレス指揮のもとオリュントスに到着したときは、すでに市街地は完全に破壊された後であった。後日のデモステネスの陳述によると、「それらの地を訪れる人にも、かつてそこに人が住んでいたかどうかを言うのもむずかしいほど」見るも無残なさまであった（Dem. *IX*. 26）。もっともアテナイ援軍の到着の遅れは北西からの季節風のせいでもあったが、相次ぐ出兵による戦費の不足も災いした（何度も臨時民会が開かれたこの年（Aes. *II*. 72）すなわち前三四八年は、裁判を開こうにも裁判員手当が払えず、法廷が閉鎖されていた（Dem. XXXIX. 17））。

かくて難航した出兵動議も、望ましい結果を無残に裏切るものに終わったが、デモステネスにとっては、一躍存在感を印象づける機会となり、政治家として大きな一歩を記したことは間違いない。提議案を上程する民会演説者たちの口から、ピリッポスの名が出る回数が目立って増えたのも、デモステネスには嬉しい余震であった。

対ピリッポス連帯戦線——ライバル現われる

ところでエウボイアの独立宣言という苦い結末に、挫折感と慙愧に堪えぬアテナイでは、メイディアスに与《くみ》した有力政治家エウブロスも市民の非難の眼差しをかわすかのように、にわかにオリュントス陥落による北方への危機感を口にし始めた。常時は平和政策、内政優先で市民の支持が高かったエウブロスであったが、オリュントスの壊滅を受けて前三四八年対ピリッポスギリシア共同戦線を提案し、アテナイの呼びかけに対して諸国に共闘の意思ありやなしやを問う使節派遣を決議させた。このとき擁護演説に立ったのが、かのタミュナイ（エウボイア島）でのはたらきでデモステネの記憶に残り、以後終生のライバルとなるアイスキネスである。演壇に立ったアイスキネスは、前世紀のペルシア戦争における父祖たちの偉業を掲げ、誰もが知るテミストクレスやミルティアデスの出兵決議文や戦士の宣誓文言を引用朗誦した。抜群の美声で知られ、一時悲劇役者をしていたこともあるアイスキネスの朗々たる音吐は、満場の会衆を熱狂させた。

アイスキネスがかねがねエウブロスから目をかけられていたことは、デモステネスも承知している。一方でエウボイアかオリュントスかの論戦を機に、意見を異にしたエウブロスが当初見せていた自分への好意的態度から、次第に距離を置くようになっていたのをデモステネスは敏感に感じ取ってはいた。しかしオリュントス出兵で格段に知名度を上げたデモステネスとしては、すでにエウブロスの引きがなくても、成功への階梯を登り切る自信は深まっていた。

他方で、かのエウボイア出兵のタミュナイの戦闘でめざましい武功を挙げたアイスキネスが、戦場で授冠の誉に浴し、なお帰国後再度授冠されるほどの武勲に輝いた姿は、デモステネスには大きな衝撃であり、同時に強烈な嫉妬を感じさせた。父親ゆずりなのか、いかにも強健そうなアイスキネスに比べると、どこか繊弱《せんじゃく》で神経質そうな翳を隠せない自分の生まれつきが疎ましく、また評判のアイスキネスの美声をじかに聞くと、自分の発声の欠点を常に気にしていただけに、ねたましさを抑えきれなかった。

アール（r）音が不完全で息切れが起きやすいといった生来の弱点は猛烈な訓練によって克服したはずであった。反対派のサクラが投げ返す叫声には、波の荒れ狂う海岸で、吹きすさぶ風に向かって鍛えた声量をもって立ち向かえるまでになっていた。けれどもアイスキネスののびのびとしてよく響く、生れながらの美声には悔しいがかなわない。デモステネスの弁論作品には、後期に至るまで繰り返し、「麗しき破鍾《われがね》」「ポリス中で、言いたいことを一番大きい声で一番よく聞こえるように言う男」

等と敵意もあらわに、アイスキネスの武器たる黄金の声への皮肉が頻出する。のちに激しく対立する政治上の立場もさることながら、アイスキネスへの個人的な対抗意識は、高まりこそすれ薄らぐことはなかった。

因縁《いんねん》浅からず

おまけにデモステネスは十八歳の区民名簿への登録の際、アイスキネスの舅にあたるピロデモスに恩義を受けたという過去を持つ。恩義の内容は知られないが、ピロデモスはパイアニア区の富裕な有力市民で、二人の息子も重要な公職を務めたことがある。もしデモステネスの血筋の非正統性（祖母がスキュティア人）に文句をつけて、彼の市民権認定に横槍を入れようとしたうるさ型がいたとすれば、ピロデモスは〝偉《えら》いさん〟の貫禄でそうした文句をぴしゃりと封じたのかもしれない。

アイスキネスがピロデモスの娘との結婚によって獲得した社会的身分と富を、あてつけがましく弁論中で仄めかすなどして、デモステネスはさしあたっては溜飲を下げたであろうか。しかしアイスキネスへの嫉妬と競争心は、抜いても抜いてもまた生えてくる雑草にも似て、容易にはなくならなかった。（ちなみにアテナイ人の嫉妬心に言及する後世の文人は多いが（54、217頁参照）、ある歴史家はデモステネスを「成功者への嫉視に身をさいなまれる一人」（Plb. 14.1.1）に数えている。「（デモステネスの）並外れた嫉妬深さ」（Aes.II.22）には辟易する、とは、難敵アイスキネスの言い種《ぐさ》である。）

とにかく登場以来目障りで仕様がないこの破鍾男《われがね》（アイスキネス）に対して、デモステネスは事あるごとに彼の貧乏暮らしを種に、個人攻撃に精を出した。もっとも貧乏といっても食うや食わずの極貧ではない。自前で重装備を整え、歩兵として出兵に参加するだけの経済的余裕はあった。しかし富裕層の特権でもあり名誉でもある公共奉仕の履歴はなかった。父は少年たちに読み書きを教える私塾を開いており、息子アイスキネスは教材の準備や整理、また教室の清掃などで父を助け、兄二人も日々の労働で一家の家計を維持するといった平均的な市民生活を営んでいた。ただアイスキネスは評判の美声をあちこちで披露したり、また文書の扱い等に几帳面さを発揮したりして要人に見込まれ、エウブロスなど有力政治家の私的な秘書として雇われた経歴がある。やがて民会や政務審議会で公文書朗読を務める書記の要職を足掛かりに、政治家への仲間入りを果たした。富裕者ぞろいであったアテナイ政界の例外的存在であったといえる。

（ついでに言えば、民主政下のアテナイでは、公職に基づく政治活動は金銭的報酬を伴わなかったため、これに従事する市民は経済的余裕が前提であった。そこで貧乏人も金持ちと同様公職に就く機会を得られるようにと、ごく少額の手当てが給付された。民会出席が一ドラクマ（＝六オボロス、主要民会には九オボロス）、政務審議会日当が五オボロス、民衆法廷で裁判員を務めれば三オボロスであった。当時熟練労働者あるいは専門技術者の日当が一・五から二・五ドラクマであった。一ドラクマは四、五人の家族が一日ないし二日生活できる金額だったというから、例えばほぼ半日かかる民会の手当ては、同じ時間の労働による収入に見合っていたことになる（民会手当のほうが裁判員手当より高いのは、民会出席を促すためであったといわれる)。アテナイの貨幣単位を示せば、一タラントンは六〇〇〇ドラクマ、一ムナは一〇〇ドラクマ、一ドラクマは六オボロスである。)

さて、エウボイア出兵の失敗に続くオリュントス陥落を受け、対ピリッポス共同戦線への勧誘の使節派遣を唱導したエウブロスらが、訪問先での冷淡な反応に落胆の色を隠せないでいるうち、事態は大きく転換した。

第三次神聖戦争(ポキス戦争)

オリュントスを降したピリッポスは、ほどなく中央ギリシアを揺るがしていたテバイとテッサアリアの対ポキス戦争、別名第三次神聖戦争への参入という望外の好機に恵まれた。ギリシア中央部に覇を唱える陸軍大国テバイが、前三四七年ピリッポスに指揮官としての参画を要請したのである。第三次神聖戦争(前三五六—三四六年)とは、デルポイのアポロン神殿の聖域に鍬を入れるという瀆神行為を犯した国ポキス成敗を大義に、テバイ・テッサリアなどアンピクテュオニア神聖同盟(デルポイ尊崇を軸とする周縁諸国の宗教的・政治的同盟)が戦っている戦争である。ピリッポスは十三歳から十六歳まで、テバイに人質として滞在したことがある。当時テバイは絶頂期にあり、その間少年ピリッポスはテバイの名将に身近に接して軍事軍略等多くを学び取り、またギリシアの諸ポリスの国情をも知る機会を持ったのである。こうした経験から、ギリシア人がいかに篤くアポロン神を畏敬するかを、ピリッポスは肌で感じ取っていた。いまその神のための戦いの指揮を執れとは、これ以上の権威をいただけようか。ギリシア人同士が戦っている第三次神聖戦争への正式の参入は、まさに天祐であった。

上に述べたように、ピリッポスはその前の前三五〇年代に、

「アンピポリスを手始めにピュドナ、続いてポテイダイア、次にメトネを奪って、そのあとテッサリアを、ペライ、パガサイ、マグネシアと制圧、望むとおりにそれら全域をわがものにしたあとトラキアへ遠征、何人かの王を追放したり入れ替えたりしたあと病気になりました。回復するやいたずらに時を過ごさず、すぐさまオリュントスに向かいました。彼がイリュリア人、パイオニア人、アリュッバス（エペイロス王）その他どこであれ、征服したと言われる土地の名は省略しましょう」（Dem. *1*. 12-13）

オリュントス出兵論議をもって、有力政治家に立ち交じって発言力を増しつつあったデモステネスは、こう言って、ピリッポスという軍事的脅威を新たな照準に、民会演説で悲憤慷慨した。前世紀ペルシアの来寇に、ギリシア民族は一丸となって戦ったではないか。だのにいま、なにゆえ心を一つにこの夷狄男に立ち向かおうとしないのか。いっこうに盛り上がらぬ世論にデモステネスはもどかしさを隠せない。しかしながら客観的に見れば、一五〇年前とは事情は異なっていた。ピリッポスは前三五三年から前三五二年にかけてポキスの将兵と戦って二度敗れたことがあったが、その雪辱戦で、麾下の兵士にアポロン神尊崇の大義を表わすオリーブの冠を装着させて勝利を得ている（クロコスの野の

戦い）。つまり異民族なる敵に向かってではなく、ギリシア人の味方として瀆神の輩を討つべく、敬神の戦いに加担したことを世に知らしめたのである。異民族による侵略に、ギリシア人が結束して抵抗したとき（前四九〇―四八〇年のペルシア戦争）とは事情は異なり、自分はギリシア人の敵ではなく味方であるということを、ピリッポスはあざやかに演出したのである。

この演出の効果はてきめんであった。僭主の暴戻に痛めつけられたテッサリアの小国が、ピリッポスの庇護を求めた。ギリシア本土南部にまで視線を向けて久しいピリッポスにとっては、南下を妨げる障碍が一つ消えたわけである。

ピリッポス、ギリシア北部を制す

前三五二年夏にはピリッポスは、ギリシア北部のテッサリア同盟の首班ラリサのアルコーンに迎えられた。ギリシア中央部のかなりの数の小ポリスが、スパルタやアテナイの権高な干渉を嫌い、むしろピリッポスを頼るという現状は、ピリッポスをギリシア人の友とする趨勢をいっそう助長した。こうして急速に勢力圏を拡げていったピリッポスに、ようやくアテナイは危機感を募らせたようである。

そしていま、テバイによるポキス懲罰戦への援助を、ピリッポスは正式に要請されたのである。この誘いを見送るという手はない。とはいえ、願ってもない役回りだからといって、彼は軽々に飛びつくような男ではなかった。時勢に目を凝らし、各ポリス内の連携や対立の模様を正確に見て取り、過たず行動に移すこの若き王は、オリュントスを降したあと、テバイが威をふるうギリシア中央部に張り巡らされた同盟網を注視していた。さらに南に控えるアテナイをも、ギリシア制覇の構想中に組み入れるとすれば、慎重には慎重を期さねばならない。（テバイがいつピリッポスと同盟を結んだのかは、じつは、はっきりしない。すでに一〇年になんなんとする対ポキス戦争に疲弊はなはだしいテバイが、この時点でピリッポスに援助を求めるために同盟を結んだ、と解釈する研究者もいる。）とにかくアテナイは、北方からのギリシア本土攻撃の関門であるテルモピュライ制禦《せいぎょ》に、一方《ひとかた》ならぬ執念を燃やしている。そのテルモピュライを領するポキスはアテナイの同盟国である。テバイによる援軍要請に応じて標的ポキスに向かえば、ピリッポスはアテナイを正面から敵に回さねばならない。いまやギリシア北部（テッサリア、カルキディケ半島）を版図におさめたピリッポスは、テルモピュライ以南のギリシア本土制圧の見取り図を胸中に秘めながらも、ポキス侵攻前に取り除くべき障碍を熟考した。

ピリッポス、アテナイに秋波を送る

国力の低下が争えぬとはいえアテナイの底力が侮れぬものであることを、ピリッポスは見損なってはいなかった。それにテバイとて、かつてボイオティア地方を覇権下に置いた陸軍大国である。いま援軍を求めてきてはいるが、昔日の覇業を忘れられぬテバイが、いつ踵を返してアテナイと手を携え、ピリッポスに立ち向ってこないとも限らない。たしかに犬猿の仲というべきアテナイとテバイとの相互不信をピリッポスは熟知しているが、ギリシアのポリス同士のはなはだしい合従連衡の習いで、一転テバイがアテナイと結んでも不思議ではない。ここで援軍要請をしてきたテバイには救援の手を差し伸べるとしても、だからといって好き勝手ができると思わせ、過度の国力増大を許してはならない。そして前三五七年のアンピポリス占拠以来、マケドニアの敵性国家であり続けるアテナイが、いつ、どう出るかも油断がならない。とすれば本土南下に立ちはだかる二大国テバイとアテナイを互いに牽制させて、両国の力の増大を抑えることだ。然り、テバイとアテナイの共闘だけはあってはならないのである。ピリッポスは「テバイには援軍を、アテナイには講和を」(Dem. XVIII. 19) 与える戦略に賭けた。それゆえテバイへ送った兵力は小さく抑え (Diod. 16. 58. 3)、アテナイへの講和には、但し書き付き(ポキスとハロスを除く)同盟という重い足かせを付けた。

さてテルモピュライ防衛の〝快挙〟(前三五二年)に有頂天になったアテナイ市民は、他方でレムノス島、インブロス島などアテナイの領有が公認されている島嶼をマケドニア兵に荒らされたり、デロス島詣での聖船パラロス号を拿捕《だほ》されたりと、海賊行為も辞さぬマケドニア王ピリッポスに憤激しつつも、傭兵頼みでみずから祖国防衛に立とうという気概は薄かった。そして数年も経ずにオリュントスを降され、他国に使節を送って対ピリッポス共闘抗戦を呼び掛けたものの、諸ポリスの冷ややかな反応は、アテナイの孤立化を明白にするばかりであった。こうなれば、ピリッポスを足止めさせるしかない。講和はにわかに現実味を帯びた。

一方、第三次神聖戦争（ポキス戦争）の主導権を手にして、ポキス膺懲《ようちょう》をどういうかたちで片づけるかをとつおいつ思案していたピリッポスは、並行してアテナイとの関係を処理するために、エウボイアの内訌を利用するに及《し》くはないと考えた。マケドニアの王都ペラを訪れたエウボイア使節団に、ピリッポスは、アンピポリスの領土権を一方的に主張するアテナイではあるが、自分としては「アンピポリス戦争」（前三五七年にピリッポスが占拠して以来のアテナイとの交戦国関係——67頁参照）を終わらせて、講和を結ぶ用意があると仄めかした。同じ頃オリンピック競技会に往来する旅人は安全を保障されるという宗教的慣習がギリシア全土で守られる期間中に、アテナイ市民プリュノンがマケドニア兵に捕まり、身代金を払って解放されるという出来事があった。プリュノンは休戦期間中の捕縛は不当であると言って、身代金返還を要求する使節をマケドニアに送るよう民会で請願し、使節クテシポンとともにみずからマケドニアの王都ペラに赴いた。王宮でピリッポスは兵士の無礼を丁重に詫び、彼ら使節をねんごろにもてなして、自分はアテナイとの和平を願っていると慇懃《いんぎん》に告げた。

第5章……去就に迷う暇《いとま》なし

1 アテナイ、講和を選択肢に

この知らせを受けて、有力政治家ピロクラテスが、「ピリッポスは講和について協議するべくアテナイに伝令と使節を送ることを許されるべし」という民会議決案を提案する（Aes. *II*. 13）。しかしピロクラテスは政敵により告発され、「違法提案に対する公訴」にかけられた（前述のとおり違法提案に対する公訴とは、現行の法律に違反する民会決議案が上程された場合、提案者を告訴する、あるいは決議案そのものの成立を差し止めることのできる訴訟手続きである――56、160、215頁参照）。妨害するのが仕事という人間がいるのである（Aes.*II*.13）。とはいえ、ピリッポス憎しの嵐が吹き荒れるなかでの和平交渉の提案である。「殺人鬼ピリッポス」「凶悪暴戻《ぼうれい》な独裁者」などの誹毀罵言を連発する政治家たちが民会を制するかに見えたが、けっきょく告発は斥けられて、ピロクラテスの提案は生きた。このとき、ピロクラテスのために、一日がかりで弁明に努めたのがデモステネスであった。ピロクラテスが続けて出した動議により、ピリッポスのもとに派遣される一〇人の使節団が選ばれ、デモステネスはその最年少使節となった。ピリッポスという〝脅威〟に最初に目をつけ、不人気にもめげず辛抱強く演壇から警戒を説きつづけたデモステネスにとっては、まさしく出番であった。

使節一〇人とは（それぞれの従者たちも含めると）大集団であるが、ついでに言うなら、アテナイでは、一つの公職に就く役人の数はたいてい複数である。特定の支配者のいない民主政下、籤で当たって一年に限られた公職の任期中のみとはいえ、職権を持つ役どころには、収賄、口利き、便宜提供等がついて回る。浅慮、虚栄、うぬぼれといった人間共通の弱点ゆえに、公職に就いた者はえてしてこれらの不徳に染まってしまう。不祥事の発生を未然にふせぐために互いに用心し合えるよう、また一人ずつの業務負担軽減にもなるようにと考えられたのが複数制である。そして公職の乱用防止、公平性の徹底、特定の個人への権力の集中を避けるためにも有効である。

使節団マケドニア王宮へ

前三四六年アンテステリオン月（現在の一月頃）、一〇人の使節団（第二次アテナイ海上軍事同盟加盟国の代表一名も随行したので一一人）がマケドニアに向かった。和平交渉の動議者であったピロクラテスを中心に、身代金返還要求ですでに王と面識のあったプリュノンと彼に同行したクテシポン、オリュントス戦で捕虜になったが、身代金なしで解放されてピリッポスの和議の意向を伝えたイアトロクレス、最年長でこれまでも何度かピリッポスに御前演技を披露して喜ばれていた俳優アリストデモス、テルモピュライでのピリッポス〝撃退〟の武功に輝く将軍ナウシクレス、加えてキモン、デルキュロス、そしてどちらも出世街道まっしぐらのアイスキネスにデモステネスの計一〇名という顔ぶれである。この第一回対マケドニア使節をもって、歴史に「ピロクラテスの講和」の名で呼ばれるアテナイとピリッポス王との和平交渉が始まる。

使節団員は、民会の様々な思惑を背負った、いわゆるタカ派ハト派取り混ぜた混合集団であった。その目的はむろん和議の内実を見極めることであったが、アテナイ側にとって何より重要な問題は、前三五七年以来ピリッポスに奪われたままになっているアンピポリスを返還させることであった。王謁見には、和平協定について年齢順に意見を述べるという取り決めで臨んだ。最年少のデモステネスが最後に立つと、一同どんな名演説が聞けるかと耳をそばだてて待った。彼の弁才の評判は遠くマケドニアの王宮にまで届いていたのである。ところが、

「(デモステネスは)何かわけのわからない口上を、しかもまるで死人みたいに怯えきって言い、題目の始めからほんの少し喋ったところで急に黙りこくって立ち往生してしまい、とうとう一言も口が利けなくなりました」(Aes.II. 34)

とは、後日法廷で対決したアイスキネスが、謁見の折のデモステネスの失態を意地悪く描写して語ったものである。

アイスキネス自身は過去の記録類を引き合いに出して、アテナイのアンピポリス領有の正当性について論じ、ピリッポスによる占拠を率直に不法と弁難した。彼は、自分の発言に答えて、ピリッポスはいちばん多く言葉を費やした、と三年後の法廷論争でさも得意げに言い、謁見の場でのデモステネスの取り乱しようを大げさに描き出すが、臨場感たっぷりにその場を再現するアイスキネスの語りは、いかにもそれらしく、事実性を十分に感じさせる。

それはともかく、ピリッポスはけっきょくアンピポリス返還には応じず、謁見終了後にトラキア征旅に向かう意向を告げ、アテナイ民会の協議の終わるまでケロネソス半島には足を踏み入れないと明言した。

宴の席へ

謁見終了後、使節一同は豪奢な宴の席に招かれた。デモステネスは、その美味佳肴にもなにやら当てつけがましい富と権力の誇示を読み取らずにはいられなかった。ピリッポスはデモステネスより二歳年下の三十六歳、噂に聞く冷酷、非情、傲慢不遜、金の亡者の気配は巧みに隠蔽しているのか、如才なく行き届いたホスト役を演じてはいたが、いずれにせよデモステネスとはそりの合わない人種であったことはたしかである。それまで北方後進の小国の成り上がり者、血にまみれた王位簒奪者、敵を殲滅するあの残忍さは、とても人間のものとは思われないと決め込んでいたピリッポスが、会ってみると、誰が見ても人好きのする、快活な青年王であることに、デモステネスは肩透かしを喰わされた気がした。非凡と聞く弁才も、自分の「懸河の弁」にはとうていかなうまいと豪語していたところ、言葉の端々に滲みでるおのずからなる気品には、矛《ほこ》を収めざるをえないのが腹立たしくさえあった。とにかくデモステネスは柄にもなくうろたえた自分が疎《うと》ましかった。

交渉を終わって使節たちは王宮を辞したが、帰途一人が、ピリッポスはわれわれの発言をよく記憶してそれに答えたと言うと、年長のクテシポンが、自分は非常に高齢だが、これだけの長《なが》の年月こんなに気持ちのよい魅力的な人は見たことがないと言い、他の使節たちも称賛の言葉を連ねた。デモステネスは言うに事欠いて「天下第一の傑物ピリッポス」とふざけたが、その苦しい皮肉に誰も気づかず、褒め言葉と聞いたか、一同揃って歩み軽やかにアテナイに向かった。

アテナイ民会、岐路に立つ

帰国後ただちに使節たちは政務審議会に行き、ピリッポスから託されたアテナイ民会宛ての書簡を届けた。書簡は直後に開かれた帰国報告の民会で披露された。

「私に対し、同盟をも結ぶ意志貴国にありとの確信を得れば、いかばかり貴国のために尽くせるかを、明確に書き記す所存である」(Dem. XIX. 40)

講和のみならず同盟をも自分は望んでいるという主旨である。民会は書簡を歓迎した。翌日から恒例の大ディオニュシア祭が始まる日取りであったので、デモステネスはピリッポスが送り出したマケドニア人使節三名を観劇に招待することを民会提案し、採択を得て早速歓迎の手筈を整えた。後日政敵アイスキネスが、これまた嫌味たっぷりに言うところによれば、大祭当日ディオニュソス劇場の貴賓席に招いたマケドニア人使節に、デモステネスは柔らかいクッションを用意するなど「卑屈なまでの」もてなしぶりで失笑を買ったとのこと。返すデモステネスは「私は……じつに派手に宴を張ったのでした。というのも彼らがかの地でそうした機会に富と繁栄を誇示するかのように大盤ふるまいをするのを見た私は、こういう折にこそ、まずは彼らを上回る気前のよさを見せつけてやろうと考えたのです」(Dem. XIX. 235)(過剰なまでのおもてなしという、外交の奥の手を知らないのか、と言いたいところである)。

大ディオニュシア祭が終わったところで、マケドニア王国との講和と同盟締結をはかる臨時民会が二日(エラペボリオン月十八日、十九日、現在の四月十五日、十六日頃)にわたって開かれた。和議が進められながら、なおピリッポス憎しの声が消えぬなかでの民会協議である。議事は荒れに荒れた。干戈を交えぬままに一〇年余を経たアンピポリス戦争の、徹底抗戦をなお主張するアリストポン一派など議論は百出し（Theopomp. *fr.* 166）、議場は四分五裂した。投票だけが予定されていた二日目（エラペボリオン月十九日）に、臨席していたマケドニア人使節アンティパトロスが演壇に招かれ、合意されるべき文言を念を入れてこう述べた。

「マケドニア王ピリッポスおよびその同盟国は、アテナイおよびその同盟国――ただしポキスとハロスを除く――と講和条約および同盟を結ぶ」

（民会定足数）六〇〇〇人余を数える会衆から、吐息とも嘆声ともつかぬざわめきが起こり、やがてそれは口々に発される叫喚の嵐となった。

ピリッポス側の要請の重点はアテナイおよび第二次アテナイ海上軍事同盟加入国との同盟であり、ピリッポスにとって「ポキスとハロスを除く」の但し書き無しにアテナイとの同盟はありえない。今まさにアポロン神の御稜威《みいつ》を称えて瀆神の徒に対する懲罰戦に臨もうというときに、ポキス側に与《くみ》する余地をアテナイに残しておいては、これまでの努力が水の泡になるではないか。武力制圧を避け、隠忍自重して微笑外交に努めてきたのは何のためだったのか？

だがアテナイとしては、すでに包囲されている小国ハロスはさておき、ポキスを敵に回すことはできない。ピリッポスと同盟を結べば、ポキスとの同盟盟約に対する重大な信義違反を犯すことになる。なにしろポキスはアテナイにとって、なくてはならぬ北方の防波堤である。年来相容れない仲のテバイとの、正面切っての対決を未然に防ぐための緩衝地帯でもある。前三五六年、テバイが第三次神聖戦争を始めた直後に、アテナイはポキスと同盟を結んでいる（Aes. *III.* 118）。いまになって、テルモピュライの要衝地提供まで約束して同盟の誼《よしみ》を頼ってきたポキスを、見捨てることができるのか。では同盟国としての信義を裏切らず、アテナイの国益をも守る道はあるのか。かりにピリッポスとの講和を拒めば、それはただちにマケドニア軍相手に、悪くすればアンピクテュオニア神聖同盟加盟国全部を相手に戦うことを意味する。それは選択肢の中にない。ポキスとの絆ゆえにアテナイまで懲罰を受けていい謂れはない。瀆神者を糺《ただ》すのは、正義の士の責務である。市民の心は千々に乱れた。しかしピリッポスの要求を飲むほかはないという重鎮エウブロスの一言《ひとこと》が民会を制した。彼はピロクラテスの最初の提案……それはピリッポスの意を伝えて、アンティパトロスが述べたとおりのものであった……に賛成しなければ従軍義務、戦時財産税納入義務、観劇手当の軍事費への切り替えは避けられない、と言ったのである（Dem.*XIX.* 291）。

エウブロスは前述のようにオリュントス壊滅直後、ピリッポスへの軍事対決を目的にペロポネソス諸国に誘いをかけたものの、アテナイの孤立化に直面して落胆ひととおりではなかった。しかしながら彼はその現実を冷徹に見据えていた。ピリッポスがアンピポリス返還はおろか、エーゲ海東岸のアテナイ領有の諸ポリスを恐怖に陥れ、はては「ペイライエウス港の穀物倉」（Arist. *Rh.* 1411a13）と呼ばれたケロネソス半島をすら、入植市民が放棄し始めるほどの脅威をもたらしており、とうてい武力では太刀打ちできない敵であることを、彼は過たずに認識していた。「ポキス除外」を条文からはずせば、ただちに勃発する戦争で戦う相手はピリッポスであり、テバイであり、テッサリアであり、さらには全ギリシア諸国である。とするとピリッポスの求める「ポキス除外」を容認せずして、アテナイは自国を守れるか？　議場騒然とするなか、けっきょくピロクラテスの最初の提案であり（Dem. XIX. 159; Aes. II. 68）、マケドニア人使節アンティパトロスが述べたとおりの文言が可決された。ピリッポスとアテナイが結んだ講和と同盟から、ポキスとハロスは除外されたのである。同時にマケドニア・アテナイ両国の領土保有関係を「現状維持」とする文言も明記されたが、これすなわちアテナイがこの時点で、アンピポリス再領有を断念することにほかならなかった。

マケドニア人使節たちは帰国の途についたが、彼らがテバイに立ち寄ってアテナイとピリッポスとの同盟締結（すなわちアテナイがテバイの敵から友に変わった）という情勢転換を何と釈明したかについては、資料は黙して語らない。

民会協議実録？

ところで使節を務めたデモステネスとアイスキネスが、この条文採決時の民会でどう行動したか、それぞれ何を言ったかを検証しても、それは無用の労としか言えまい。最初は二人ともが、並行して掲げられた第二次海上軍事同盟国会議の決議案（Aes. III. 70）を支持する演説をした。その決議案には

「講和」とのみあり、「同盟」の文字はなかった。しかし採決された民会決議文は、ピリッポスの要請……ポキスとハロスを除く同盟締結…を全面的に受け入れたものであった。デモステネスもアイスキネスも後日の法廷対決で、その条文採択の経緯を再現する陳述を展開しているが、聞く者を混乱させるばかりである。というのものちにデモステネスが稀代の愚行と唾棄したこの「ピロクラテスの講和」をめぐって、二人は三年後の前三四三年にいわゆる「使節職務不履行裁判」で相まみえるが、過誤を互いになすりつけあう二人の論戦は、行き違い、誤解、齟齬、疑心のオンパレードだからである。

デモステネスが「言わずに黙っておくべきだったことを、アイスキネスは言った」「アイスキネスの「欺瞞演説」がアテナイの運命を狂わせた」と言いかぶせると、被告アイスキネスは頬を真っ赤にして、「この男は……食卓仲間であり同僚使節でもある者たちに向かって悪巧みを仕掛け……マケドニアへ行くやたちまち売国奴になり」「私（アイスキネス）が諸君を言いくるめて、民会を手玉に取った、という彼のこの告発は嘘であるばかりか、そんなことはあり得ないということを、証拠を出して……」と中傷合戦に走りかねない。なにしろ法廷弁論につきものの誇張、潤色、恣意的解釈等があり余るほどあるうえに、三年前の言動にさかのぼる裁判であれば、記憶違いや忘却は誰しも避けられまい。

両人は一六年後の前三三〇年にも、いわゆる「冠裁判」でふたたび相対峙し、どちらも論難の材料としてこの「ピロクラテスの講和」（前三四六年）締結時の民会協議に言及しているが、「使節職務不履行裁判」と同じく、発言内容に厳密な事実性は期待できない。ただ、怒号が飛び交うなか決議採択されたこの「ピロクラテスの講和」に、デモステネスが早くも違和感を持ち始めていたとは言えそうである。

2 ふたたびペラへ

同盟誓約を民会採択したポリス・アテナイが次になすべきことは、ピリッポスの同盟誓約を受け取ることであった。その目的で第二回対マケドニア使節団派遣が決議され、第一回と同じメンバーが選ばれたが、同僚使節たちが呑気に構えて、前回の王宮での宴会の話などに興じているのに、デモステネスは気が気でなかった。前回の謁見時にトラキアに出かけることを公言したピリッポスが、誓約に縛られないうちに何をしでかすか、知れたことではないか。ケロネソス半島に足を踏み入れないとは言っていたものの、トラキアの他の土地を奪うつもりでいることは目に見えている。だからピリッポスの行き先に海路で直行して誓約を取るべきだとデモステネスは強く主張したが、行き先と言っても、どのあたりにいるかわからないではないかと、年長の使節に軽くいなされた。しびれを切らしたデモステネスは、政務審議会に出かけて行って出発命令を出させ、ようやく使節団がアテナイを出たのは、ムニキオン月四日（四月二十九日ごろ）であった。なお陸路の旅に固執する他の使節たちと気まずい思いをしながら（政敵側の回顧によれば「誰ひとりデモステネスと食事をともにすることも、同じ宿に投宿することも望まなかった」そうである（Aes. *II*. 97））。デモステネスは身辺の世話役として伴った家内《かない》奴隷に銀一タラントンを持たせ、マケドニアで虜囚の身にあるアテナイ市民の解放のために身代金として使う予定だと何度も口にしていた。帰還の時を待ち焦がれているアテナイ人捕虜たちには、最良の日を贈ることになるだろうと、彼自身気が急《せ》き、ついつい足早になるのを止められない様子であった。けっきょく使節団はペラ到着までに二三日を費やし、さらに到着先で二七日間不在のピリッポスの帰りを待たねばならなかった。

　ピリッポスはトラキア征旅の果実を携え、東トラキア王ケルソブレプテスの息子を人質に伴って悠然と帰還した。ケルソブレプテスは、かの民会協議の六日後（エラペボリオン月二十五日＝四月二十一日）のアテナイ側同盟諸国による批准誓約の折、講和への参加を求めて使者を送って寄越したが、排除されていた。ケルソブレプテスが第二次アテナイ海上軍事同盟の加入者ではないことが排除の理由であったという解釈がある（Aes. *II*. 82-86）。

デモステネス、謁見の間を笑いで制す

　謁見の当日になったとき、デモステネスは前回年齢順に発言するという申し合わせのため、順番が最後だった自分には何も言うことが残っておらず、ただただ悔しい思いをしたから、今回は年長者を

差し措いても真っ先に発言する、と興奮ぎみに前置きして、ピリッポスの前に挑戦的な表情で進み出た。王の習いとして外交使節に贈られる「厚誼のおしるし」を、アテナイ人捕虜釈放のために自分が携えてきた身代金一タラントンの不足分の補いとして使ってくれと、デモステネスは強い口調でピリッポスに要求した。デモステネスは「厚誼のおしるし」がすでに自分以外の使節たちに個別に贈られていたことを察知していたのである。ピリッポスは「いや、もう一人ずつに「賄《まいない》として」渡した」とはさすがに言えず、捕虜はパン・アテナイア祭までに送還すると体《てい》よく答えをはぐらかした。続けてデモステネスは、遠回しに同僚使節たちへの中傷を挟みながら、自分がアテナイで行ったピリッポスへの友好的行為のあれこれを数え上げ、最後に、前回のマケドニア訪問後にクテシポンらが民会で言ったピリッポスへの褒め言葉の訂正を口にした。

「私は、王が美しくあらせられるとは言いません。なぜなら生ける者のうち最も美しいのは女だからです。それに飲みっぷりがお見事だとも言いません。それはスポンジへの褒め言葉だと思いますから。また記憶力抜群であられるとも言いません。それは金を取って詭弁を教える者への賛辞だというのが私の理解ですから」（Aes. *II*. 112）

聞いたこともないような爆笑が、謁見の間に広がった。王宮にはテバイ、テッサリア、（エウボイアの）カルキス、スパルタ、それにポキスからの使節たちも来ていたのである。後代の歴史家の記すところでは、「当時まだ勢力と威厳とで世界の第一人者であったギリシアの国々……とりわけテバイ人とスパルタ人……が、寝ずに待って卑しい国の王に謁見を乞うまでに落ちぶれるとは、まったく醜く哀れな情景であった」(Just. 8. 4. 7-9)。第三次神聖戦争の行く末はどうなるのか。自分たちの国をピリッポスはどう処置するつもりなのか？　戦争か平和か？　それぞれの思惑から緊迫した空気が謁見の間を満たしていたが、この瞬間、使節たちは笑いの渦に巻き込まれた。小心と大胆が、デモステネスという一人格の中に、複雑に綯いまざっているのを見た瞬間であったとは、後日の政敵の所感である（Aes. *II*. 113)。

それはさておき、ピリッポスの誓約は受け取ったが、なお彼の同盟国の誓約をも受け取らねばならないアテナイ人使節たちは、ただちに大軍を率いて王館を後にするピリッポスに同行した。それら同盟国の誓約は、ペライの旅籠屋《はたごや》の前で、「恥まみれに、アテナイの威信を失墜させるような仕方で」(Dem. *XIX*. 158, 278) 行われたと、後日デモステネスは苦々しげに言う。一行にはポキス人使節も加わっており、どうか戦争を思いとどまってくれと繰り返す使節の哀願を受けて、ピリッポスは「同盟国に向かって進軍しているようなふりをしていた」(Dem. *IX*. 11) とは、五年後の民会演説で明かされたデモステネスの解説である。

民会報告の虚偽

テルモピュライを横目で見ながらピリッポスの兵団と別れて帰国したアテナイ人使節たちは、帰国後三日目に民会報告に立った（スキロポリオン月十六日＝現在の七月十日ごろ）。民会では、使節たちの報告がいずれも楽観的なものであったなかでも、アイスキネスは思わず頬がほころびるのを抑えられない体《てい》で、勢い込んで話し始めた。

アイスキネスは王宮でピリッポスに聞かせた自分の「テバイ糾弾の大演説」を得意満面で披露した。事態はじつに望ましい方向に向かっている、高慢ちきなテバイが他のボイオティア諸国から孤立無援になり、テバイの隷属下にあるテスピアイとプラタイア（アテナイの盟友国）には人が住むようになり、アポロン神の聖財がポキス人からではなく、神殿占拠を計ったテバイ人から取り戻されるだろう、なぜならじっさいに手をかけた連中にも増して、占拠を計画したテバイ人こそが瀆神罪を負うということを自分がピリッポスに教えたから。そして「［テバイとの国境にあって長年抗争の種であった］オロポスは諸君のものになり、アンピポリスの代わりにエウボイアが諸君に返還されるだろう」（Dem. XIX. 20-22）と言い足すと、市民は手放しで喜び、嵐のような歓声で会場を揺るがし、アイスキネスを当代切っての弁論家、近来まれに見る大物《おおもの》と呼んではしゃいだ。デモステネスはじっとしていられず「仰山らしい身振りで頭を掻きながら」（アイスキネスの言葉（Aes. II. 49））進み出て反論しようとした。アイスキネスの報告は、茶番もはなはだしい、こんな頓馬な楽天家に喋らせておいていいものか。ピリッポスのペテンはもはや火を見るより明らかだ、われわれはテルモピュライを死守し、ポキス防衛によるアッティカ守備に全力を投じなければならない……。聴衆は、せっかくアテナイの行く手に明るさが見えたところに水を差すのか、と激しい野次で彼の言葉を遮った。なお何かを言おうとするデモステネスにちらと流し目をくれて、ピロクラテスが言った、

「アテナイ人諸君、私とデモステネスが見解を異にするのは不思議ではありません。彼は水を飲み、私はワインを飲むのですから」（Dem. XIX. 46）

どっと笑い崩れる会衆に向かってデモステネスは必死に声を振り絞って何かを言おうとしたが、中空に手を泳がせるばかりで、誰の耳にも彼の言葉は届かなかった（ワインを飲む人と異なり、水を飲む人は「気むずかしくて意固地」〔Dem. VI. 30〕とされる）。アテナイへの好意を記したピリッポスの手紙が読まれ（後日デモステネスはこの手紙を、国事犯アイスキネスが書いたものと非難する）、民会はピロクラテスの提案により、ピリッポス王を敬神の人と称えて、ピリッポスとの講和および同盟の盟約を王の子孫にまで存続させる、ポキスによるアポロン神殿の財宝返還を妨げる不敬の輩には、アテナイが兵を差し向ける、という趣旨の追加の決議案を採択し、その批准を要請するための第三回対マケドニア使節の派遣を決議した。

第6章……ピロクラテスの講和

1 同盟者ピリッポス

使節たちの出発直前に、ピリッポスから瀆神者懲罰の「正義の戦い」への参戦を求める書状が届いた。いまや同盟国となったアテナイに、総指揮官ピリッポスは聖戦参加を要請したのである。すでにピリッポスへの不信を公言しているデモステネスは文面の裏にひそむピリッポスの真意は、アテナイ人兵士を人質に取ることだと主張して、民会に拒絶を説いた（Dem.XIX.51 ; Aes.II.137）。アイスキネスはすでに講和と同盟が発効している以上、出兵拒否は盟約違反にほかならず、ピリッポスの不信を買わずには済まないと弁駁したが、民会はデモステネスに従った。

デモステネス抜きで

ふたたび第二回と同じメンバーが選出された第三回対マケドニア使節を、しかし、デモステネスは辞退した。二度目の訪問ですでに危機感を募らせていたデモステネスは、帰国報告の民会演説で、アイスキネスが呆れるばかりの楽観論を繰り広げ、しかも自分がピリッポスを敵から友に変えたと手柄顔で吹聴するのを聞いて、いまや確信した。第一次使節時にあれだけ敵対的態度を示したアイスキネスのこの豹変は、巨額の賄賂ゆえだ、そうに決まっている！

ところがデモステネス抜きで出発した第三回対マケドニア使節団は、海路エウボイアまで来たとき、ポキス壊滅の報に接し、うろたえ慌てた。ポキスは救われるのではなかったのか？　前回の使節報告でアイスキネスは、テバイの思い上がりには鉄槌が下され、ポキスの瀆神の徒は罰されるが、無辜のポキス市民は救われるだろうと請け合ったのではなかったのか。使節の一人が民会の意向を聞くためにアテナイに引き返した。民会は勝者ピリッポスの移動先であるテルモピュライに向けて出直すよう使節団に指示する一方で、いまにもピリッポスが攻め入ってくると恐れて収拾のつかない騒ぎになったが、混乱のうちに婦女子を囲壁内に疎開させた。

ポキス降伏

テルモピュライにはアンピクテュオニア神聖同盟諸国が顔をそろえていたが、アテナイは懲罰戦に不参加だったために、ポキス懲罰特別会議における発言の資格を失っていた。ポキスに対するテッサリア、テバイ、なかでもオイタイア人の旧怨はすさまじく、懲罰は苛酷を極めた。デルポイ神殿の聖財冒涜者への伝統的処罰法である崖からの突き落としは、かろうじてポキス軍の武器と略奪を働いた傭兵の崖からの放り投げという象徴的懲罰行為にとどめられたが、将軍ら指導者だけでなく、市民たちも瀆神をはたらいたとして呪いをかけられた。国外に逃れた富裕者の財産は没収され、略奪された聖財を年六〇タラントンで祭神に返済する刑を科された市民への貸し出しに使われた (Diod. 16. 60. 1-3)。

別伝によれば、命乞いをするポキス人に与えた［救済の］約束をピリッポスはことごとく破り、殺害、拉致、破壊だけを与えて、これまでと同じ不誠実の極みを演じたとのことである (Just. 8. 5. 1)。

続いて「敬神の徒」ピリッポスは、テバイで盛大な祭典を執り行って神アポロンに勝利を謝した。アイスキネスは同僚使節たちと他国の代表を数えれば総勢二〇〇人にも上る招待客とともに祝祭に列席し、祝勝歌の合唱に唱和した (Dem. XIX. 128; Aes. *II.* 163)。のちにデモステネスはこれをアテナイ人にあるまじき背信行為と指弾し、売国の証拠と申し立てる。

ギリシアの平和の監視人ピリッポス

いくばくもなく、ピリッポスが使節をアテナイに差し向け、除名されたポキスのアンピクテュオニア神聖同盟会議議席と投票権をピリッポスに与える、という会議の決議を追認するよう求めてきた。

マケドニア人使節たちはまた、汎ギリシア的祭典であるピュティア祭の主宰権がピリッポスにも与えられたことを伝えた。祭典の主宰権は伝統的にテッサリアのものであったが、戦乱によって事実上奪われていた特権を旧に復させたピリッポスの功に報いるものであった。一方アンピクテュオニア神聖同盟会議議席が、非ギリシア人（ピリッポス）の手に渡るという知らせは、アテナイ民会に大きな衝撃を与えた。異様な興奮に包まれた民会議場で、アイスキネスはひとり立って、決議追認の演説をした。そこで怒号と罵言を浴びせられ、辛くも踏みとどまってはいたものの、捨てぜりふを残して追われるように降壇した、「騒ぎ立てる連中は多いのに、いざというとき出陣する者は数えるほどしかいないのか」と。黙って見ていたデモステネスは、ややあって登壇し、沈痛な表情を浮かべながら口を切った（『講和について』現存）。この要求を正義にかなうこととして承認せよとは言わない、ピリッポスへの二議席譲渡を積極支持せよとは言わない、しかしながら追認を拒否することは、マケドニア・テバイ・テッサリア軍との即時開戦を意味し、悪くすればアンピクテュオニア神聖同盟加盟諸国をも敵に回す全面戦争を招きかねない、いまは隠忍自重し、現状では何が得策かを考えることが肝要である、と。戦争回避のため、ピリッポスの要求を呑むほかはないということである。彼は名指しこそせぬものの、ピリッポスに買収され「手先となって」ポキスを破滅させた売国奴（アイスキネスとピロクラテス）を痛罵した。議場はなお、ピリッポスへの議席譲渡は許しがたい暴挙と気勢をあげる一団にかき回されるかとも見えたが、けっきょく——おそらくいったん否決したのち——追認を決議した。ピリッポスとテッサリア人の主宰のもとに行われた伝統的神事ピュティア祭への参加をとりやめることで、アテナイは遺憾の意を表明した。

二つの戦争（アンピポリス戦争、第三次神聖戦争）終わる

かくて前三四六年夏、瀆神のポキスをピリッポスに膝まづかせた第三次神聖戦争の終結と、同時に、名目以上のものではなかったアンピポリス戦争の終結すなわち「ピロクラテスの講和」締結が果たされ、アテナイはあらたな政治力学が生み出す国際情勢に対処を迫られることになる。

二つの戦争の終結は、いうなればピリッポスの独り勝ちの宣言であった。テバイに乞われてポキスを制圧し、第三次神聖戦争を終わらせたことは、ピリッポスの武力をもってすれば既定の筋書きであったし、そこにアンピポリス戦争すなわちアテナイとの交戦国関係の解消をからめることによって、事は期待以上に首尾よく終わったわけである。用心に用心を重ねて陸軍大国（テバイ）と海上大国（アテナイ）の連携を徹底的に妨げてきたピリッポスの目の前に、甘い勝利の果実がたわわに実っている。あとは得意の外交で両国をコントロールすればよいだけだ。両国とも当事者は自国の権益保護に精いっぱいで、他を顧みる余裕を持たなかった。知らぬ間にピリッポスは何物をも失うことなく、アポロン神の御稜威を尊ぶ、「ギリシアの平和の監視人」の位置に立っていたのである。

上に触れた当時の代表的教養人の一人イソクラテスは、「ピロクラテスの講和」締結によってもた

らされた平和に祝意を表わして、公開書簡『ピリッポスに与う』を発表した。この講和を機に、ギリシアの四大国アルゴス、テバイ、スパルタ、アテナイの友愛に基づく民族団結を図り、ペルシア征討を主導するようピリッポスに勧める一書である（Isoc. V. 16, 127）。イソクラテスは前三八〇年に五十五歳で『民族祭典演説』を発表し、同旨の見解を公《おおやけ》にしていたが、旧作でアテナイに与えていた全ギリシアの統帥の役割を、『ピリッポスに与う』ではピリッポスに振替えている。

彼は二〇年以上前からアテナイの帝国主義的拡張志向を強く批判し、海上覇権の放棄を勧告してきた。アテナイは「戦争と膨大な出費によっても獲得できないでいるものも、交渉によって容易に回復することができるだろう」「喉元過ぎるとふたたび同じ動乱を繰り返すという愚を断ち、どうすれば繰り延べでなく、この時弊を除去する策を見出すことができるか」「平和の方が軍事介入よりも、また正義の方が不正よりも、自分たちの本来のことを配慮する方が、他人の財産を欲しがるよりも、有益なのである」「われわれの期待したことは何ひとつ実現せず、諸国の憎悪と戦争と膨大な出費が生まれただけであった」等々（Isoc. VIII. 22. 25-26. 29）。イソクラテスの憂国警世の言に、共感を隠さない人はけっして少なくなかった。

2 「ピロクラテスの講和」余燼

ライバル憎し

一方「ピロクラテスの講和」はけっきょくアテナイには何の得にもならなかった、だのにピリッポスにとっては、武力でアテナイを脅し威圧し、トラキア遠征を果たすための単なる手段に過ぎなかったではないかと、ピリッポスのまやかしに臍《ほぞ》をかみ、いまや倍加したピリッポスへの敵意を公言するデモステネスから見れば、親マケドニアの言辞を弄するイソクラテスらは、一掃すべき曲学阿世《きょくがくあせい》の徒にほかならない。彼らが勝手な御託《ごたく》を並べて世の木鐸《ぼくたく》であるかのように啓蒙文書などを流布させている間に、ピリッポスはトラキアを完全にわがものにし、広大な支配圏を築いたではないか。それにピリッポスの賄賂戦略はどうだ？　二度目に王宮に行ったときのアイスキネスのふるまいは、すでに彼がピリッポスの道具としてはたらいていたことを何より証拠立てている。ほかの使節より遅れて一人だけあとから帰ったのは、その前夜ピリッポスと密談していたからで、彼がピリッポスと一緒に出てくるところを奴隷の一人が目撃したというではないか。使節職務の帰国報告でアイスキネスはお調子に乗って、ピリッポスはアテナイにエウボイアやオロポスを取り返してくれる、ポキスを救いテバイの高慢の鼻をへし折ってくれると請け負い、あげくに恥知らずにもピリッポスはアテナイの友だと言い放ったではないか。

アイスキネスに対するデモステネスの敵愾心は、もはや政治で彼と競《せ》り合《あ》う立場をはるかに超え、時と所を問わず彼の人となりを貶《けな》し、個人的な悪口を言いふらすまでになっていた。エウブロスのギリシア諸国連帯戦線への勧誘動議の支持演説を機に、国内外で派手な演説を売り物に、一躍「弁論家」の名を轟かせたこの大根役者！ そう、彼は得意の美声で悲劇役者をしていたとき、ドサ回りの舞台でぶざまに転倒して、見物客に罵声で追い出されたというではないか。それでもなおお偉方《えらがた》に目を掛けられ、貧乏教師の小倅《こせがれ》の分際で、民会の書記にまでのし上がり、はては対マケドニア外交におこがましくも使節を務めるとは！ 王宮でなれなれしく王ピリッポスと言葉を交わし、ますますいい気になってそれはもう涙ぐましいばかりのご奉仕をピリッポスに捧げ、あげくにきれいさっぱりアテナイ民会とはおさらばしたという顚末だ。つまるところポキスとトラキアの主要地を法外な値段でピリッポスに売り渡した。アテナイにとってかけがえのない価値を蔵するこの二国亡失の元凶をどうして許すことができようか。第一回使節時に、周囲をはらはらさせるほど厳しくピリッポスの「不正」を非難しながら、第二回使節時にはまるで股肱《ここう》の臣《しん》よろしくピリッポスにくっついて離れなかったのは、収賄の何よりの証拠ではないか？ デモステネスはアイスキネス告発の準備に没頭した。

執務審査

アテナイでは「言論の自由」としばしば対《つい》で使われた「説明責任」(エウテューナ) という言葉がある。まっすぐな、正しい状態へと向けさせる、の原義から、広く市民生活の様々な場面で使われた。これを制度的に、すべての任務終了後の公職者に課したものが「執務審査」(日本の歴史教科書では、エウテューナにこの訳語が当てられている) である。

執務審査では、公職者が離任後に提出した会計報告を会計監査官が点検し、第一段階の審査を終える。三〇日後の第二段階では、政務審議会から籤で選ばれた一〇人の執務審査官が役人の在任中の職務内容について、違法行為や規定逸脱がなかったかなどを調べる。審査に必要とされる情報提供の機会は、すべての市民に開かれている。審査で収賄の嫌疑をかけられ、民衆法廷に送られて有罪判決を受けると、収賄額の一〇倍の罰金が科され、期限までに支払わなければ国庫債務者として完済まで公民権を停止された (Arist. *Ath. Pol.* 54. 2. 134頁参照)。職階の上下を問わず、不正や利権悪用を厳しくチェックするこの制度は、アテナイ民主政の存立を支えるためにきわめて有効であった。

第一回対マケドニア使節団は、帰国後一〇人が手早く執務審査を済ませた。第二回使節団は、ふたたび同じメンバーで出掛ける第三回使節の出国に支障のないようにと、使節団全員が、会計報告は早々に済ませた。会計監査が済むまでは何人《なんぴと》たりとも出国は禁止という規定があったからである。だが遅れていた第二回使節の執務審査の第二段階で、デモステネスはアイスキネスの収賄を告発した。

アイスキネスに重罪判決が下されることは間違いなく、同時にいまいましい親マケドニア派をも一掃できるはずだ。

自分は共同弁論人に回って、原告には年長の政治家ティマルコスを立てて、デモステネスは周到に裁判の用意を整えた。ティマルコスは、二度目の政務審議会議員を務めており（政務審議会議員を二度務めることは、いわば政治エリートを意味した。前述77頁参照）これまでに一〇〇にのぼる民会決議案を上程し、アンドロス島のアルコーンや外交使節も務めたベテラン政治家であった。アッティカの方々に地所を持ち、財力に物を言わせて政界に、裏社会に、隠然たる勢力をふるう古つわものである。強硬に反ピリッポスを唱え、つい最近も、ピリッポスに武器・資材の類いを供する者は死刑に処すという民会決議案を上程し、強引に民会採択させていた。彼の口から収賄を事由に攻め立てれば、アイスキネスは手もなく負かされるだろう。

「ティマルコス裁判」

必勝間違いなしとデモステネスは勢い込んだが、なんたることか、アイスキネスに出し抜かれた。アイスキネスが、一足先にティマルコスを「演説（提案）者資格欠如」で逆告発し、有罪判決に追い込んで、公民権停止に至らしめたのである（『ティマルコス弾劾』現存）。さきに民会や政務審議会で演説に立つ弁論家の資格として、国庫に負債がない、戦線離脱・両親扶養義務放棄を挙げたが（13頁参照）、その一つに売色の前歴がないということがあった。ティマルコスがその要件を欠くことを、アイスキネスは衝いたのである。

周知のとおり、古代ギリシアでは、男性の同性愛は公認されている。そればかりか、善にして美なる男性同士の愛、なかんずく清らかな少年愛は、すぐれた徳性の証しとさえ見なされていた。しかしそこに金銭がからんでくると、話は別である。金銭を対価に性的サービスを提供する者、される者を、全面的に政治活動から排除する法律が厳然として売色市民の前に立ちはだかっていた (Aes. 1. 21)。アイスキネスはこの法律を根拠に、ティマルコスを徹底的に攻めた。若いころから売色の噂の絶えなかったティマルコスが、その習いに身を持ち崩し、いかに人品下劣で蛇蝎のごとく忌まわしい男になり下がっているか、公的な場で彼と席をともにすることすら恥であるような輩であることを、反駁の余地なく示した。得意の「語り」の技法に乗せて、わが身を売る男娼ティマルコスの痴態を描き出すアイスキネスの言葉に、裁判員たちは息を凝らして聴き入った。もともとの告発事由である対マケドニア外交という政治的題目を全面的に排除し、性的話題という完全な私事に終始した語りで、無遠慮に浴びせられる茶化しや悪ふざけを、アイスキネスはあざやかに切り返して、会場を沸かせた。

デモステネスの敵意は沸騰する。アイスキネスのあのいかがわしい語り口はどうだ？　巧妙な言い換えと偽証すれすれの証拠固めには、聴く者がまどわされない方がおかしいとさえ言える。身体障害者給付金の申請をした盲目の叔父を、被告ティマルコスは見殺しにしたとか、せめて自分を埋葬する土地だけでも残しておいてくれ、と膝に縋りつく老母を足蹴にしたとか、おおげさにあげつらって、老齢の裁判員の共感を誘った手口は許せない。ティマルコスの父は早世していたので、叔父の一件を「両親扶養義務放棄」で攻め、手の届くかぎりの財産を費消し、地所を売り払ったことを「相続遺産蕩尽」の罪状として、提案者資格欠如の訴因に含めるなど、アイスキネスはいつの間に世故にたけたやり口で人を公訴にかけることができるようになったのか。あんな虚実半ばの論法がまかりとおってなるものか。裁判員団は「正義」や「論理」よりも感情に動かされやすいとは（*Di. I.* 55. 57）、訴訟中毒といわれるアテナイでよく耳にする苦言だが、それにしても脚色とえぐい味つけばかりのアイスキネスの原告弁論に、裁判員団がやすやすと騙されるとは何たる醜態！

「川が逆流した」

ちなみにアイスキネスは、即興弁論でも評判が高く、笑いやどよめきを巻き起こしつつ自説を通すことが少なくなかった。それに対してデモステネスは、「灯心の臭いがする（原稿作成に夜遅くまでかかるの意）」と揶揄されるほど、事前に入念に推敲を重ねて演説文を整える習慣で、民会に出席していて名指しで呼び出されても、十分考えて用意していなければ、演壇に登らなかったと伝えられる（*Plu. Dem.* 8. 3）。法廷でも即興弁論は苦手であった。となると余計にアイスキネスの弁才に妬みを募《つの》らすわけである。だが即興は精確・詳細を欠く嫌いがある。というより即興演説者は、意図的に不確実性、曖昧さを残した措辞、直截単純な文構成をもって、聴き手の感応の隙《すき》を狙おうとする。即興の不得意なデモステネスが、詳細な歴史書のような、よく読まねばわからない複雑な議論に頼りがちだったことは、初期の民会演説の不成功の原因として伝記作家も指摘している（61頁参照）。この時期（前三四六年）ようやくその性癖から抜け出していたが、さらに（接続詞）省略や反復を効果的に使う（Arist. Rh. 1413b25-35、236頁参照）といった民会演説のコツを押さえた話しぶりを自家薬籠中のものにするには、円熟期を待たねばならない。

さて、法廷は政治家にとって、政治闘争の天王山である。とりわけ公訴は、勝敗が政治生命の岐路となることがある。ティマルコスは敗訴の屈辱に耐えず、みずから首をくくったとも伝えられるが、ゴシップ雀《すずめ》の尾ひれのついた風伝でもあろうか。ともあれ、ティマルコスを推戴して勝利成らなかったデモステネスは、「川が逆流した」と大仰に触れて回ってわずかに溜飲を下げる一方で、手抜かりなく次の報復計画を練っていた。彼はなお残る勝機に賭けた。すなわち議会弁論の演壇である。対マケドニア使節のはたらきで知名度はとみに上がり、ポキス破滅で市井に拡がるピリッポスへの敵意は、デモステネスの民会演壇からの呼びかけに、心強い追い風となった。

騙されるな、市民たち！

反マケドニアの潮流は次第に勢力を増していた。ポキスからなだれ込む難民や亡命者が〝殺戮者ピリッポス〃を憎み恨み、呪いの言葉を吐くかたわら、反マケドニアの政治家たちは彼の兵力がいつアテナイに向かって来てもおかしくないと、市民の不安を煽った。ペラに戻ったピリッポスは、イリュリア人など旧敵を征服したあと（前三四五年夏）、テッサリアに「十人支配」の名の寡頭制を敷いたり（前三四四年）、ケロネソス半島に軍事介入したり、さらにはペロポネソス半島の諸ポリス間の軋轢に手を回したりと、勢力圏拡大に脇目も振らぬ様子である。デモステネスは繰り返しピリッポスの軍事行動を講和条約違反と糾弾し、全ギリシア制覇の野望を胸に隠し持つピリッポスの欺瞞と偽善を激しく攻撃した。前三四四年秋の民会演説『ピリッポス弾劾　第二演説』（現存）では、行動の鈍《のろ》さ、無為無策を棄ててピリッポスの野心・謀略を封殺することこそアテナイ市民の急務であると発奮を促した（Dem. VI. 22）。テッサリアで独裁者に抗した民衆を助けて、奪われた地を返してやったピリッポスが、

> 「現在のような「十人支配」を敷くことになろうと、民衆のだれが（そのとき）予想したでしょうか？あるいはテルモピュライでのアンピクテュオニア会議の開催権を彼らに取り戻してくれた当のその男が、民衆の国家歳入までも奪い取るだろうと予見した人がいたでしょうか？」（Dem. VI. 22）

とピリッポスの深慮遠謀を激しく糾弾する。ピリッポスによる「十人支配」とは、テッサリア全土に古くからあった四地域の区分を守りながら、そこに寡頭制導入によるあらたな体制を敷いて、テッサリアを支配下に取り込んだものであった。騙されてピリッポスを友と信じたテッサリア市民の何たる

おめでたさ！　同様にピリッポスがテバイの思い上がりを挫き、ポキスを守ってくれると喧伝した講和維持派は、腑抜けの阿呆《あほう》でしかない。欲に目がくらんだ彼らは、賂《まいない》を懐に入れ、祖国を売って恥じない国賊以外の何であろう（「国賊」がアイスキネスとピロクラテスを指すことは、自明であったが、デモステネスにとって「国賊」にも劣らぬ不逞の輩は、ピリッポスのテッサリアとの「きわめて親密な関係」を称揚してやまない、かの弁論学校長イソクラテスである（Isoc. V. 20））。

　デモステネスは同年夏にピリッポスが介入するペロポネソスの有力ポリス、アルゴスやメガロポリスにみずから使節団を率いて出かけ、ピリッポスの巧妙隠微な手法を解き明かし、警戒を説いて回ったのである（しかしアルゴスやメガロポリスは自国の争いに容喙してくるデモステネスらを嫌い、スパルタに抵抗する自分たちに金と兵を送って支援するピリッポスを選んだ。アルカディア人とアルゴス人はピリッポスの彫像を建てて顕彰した）。こうしたデモステネスらの活発な反マケドニアの行動、「悪意を撒き散らす」民会演説を伝え聞いたピリッポスは、再三書簡を送って反論し、前三四三年（前半）には使節ピュトンを送って抗議させると同時に、自分としては真摯に「ピロクラテスの講和」の維持を望んでおり、そのための条約修正にやぶさかではない由伝えさせた（ピュトンはイソクラテスの高弟で俊秀の誉れ高かったが、この時期マケドニア王宮に仕えて手厚く遇されていた）。ピュトンは王がどのポリスよりもアテナイへの友好意思を重んじていると前置きして（Ps.-Dem. VII. 21）、アテナイ民会でピリッポスの申し出を伝えた。しかし答弁に立ったデモステネス自身が後日一代の痛快事として語ったところによると、

「不敵に構えて立て板に水の如く諸君を詰ったピュトンに対して、私は一歩も引かず、立ちあがって論駁し、わが国の正当な要求を曲げず、ピリッポスの方が不正を犯していることを明快そのものに立証したものですから、ピリッポス側の同盟者すら起立して賛意を表明したほどでした」(Dem. XVIII. 136)

じつはピュトンがアテナイに到着したとき、ペルシア王からの使節がまだアテナイに滞在していたことがピリッポスの意図を物語るとする見方がある。ペルシアはこの時期エジプト侵略を再開しており、ギリシア人の援助をしきりに要請していたのである。テバイは一〇〇〇の部隊を送ったが、アテナイは断った。ただ盟友関係を捨ててはいないことは明確に伝えた(Philoc. *fr*.157; Diod. 16. 44. 1)。アテナイとしては、敵対的関係にあるペルシアとマケドニアのどちらを採るかの選択であったとの見方があるが、ピリッポスにとっては、無尽蔵の富を持つペルシアが、どのポリスであれ、ギリシア人と組んだ場合に将来起こりうる危険を取り除いておきたかったのだという。ピリッポスはまたアテナイ国内の親マケドニア派の理念とおぼしき、中小諸ポリスをも含む全ギリシア諸国との和平をもたらす協定修正、参加国が一律平等に権利と義務を担う国際社会なるビジョンを示したと思われる。これはのちにギリシアの征服者として、ピリッポスがかかげる新秩序(「コリントス同盟」)の名目に通じるものであったが、表向きの国際平和を看板に、遠からず全ギリシアを睥睨する勝者たらんとするピリッポスは、アテナイをはじめとする大国の覇権主義がつねに彼の足元を危うくすることを瞬時も忘れず、そうした危険に備えることを怠らなかったのである。

アテナイの〝詭弁〟

この後反マケドニア派の中でも強硬論で知られたヘゲシッポスらが、カルディア市（66頁参照）ほかトラキアの主要都市の領有問題を調停に委ねようと申し出たピリッポスに、拒絶の意向を伝えるため使節としてマケドニアへ赴いた。ヘゲシッポスが答弁としたアテナイ側提案の一つに、アテナイ・マケドニア両国は「所有しているものを所有する」という条文を、「自分のものを所有する」に書き換えるという一項があった。「所有しているものを所有する」では、もともと他人のものであっても、現在所有していれば所有権を認められることになり、その結果ピリッポスは所有＝占領しているアンピポリスを所有し続けることになり、アテナイは執着ただならぬアンピポリスの領有権を回復できない。「自分のもの」に置き換えれば、アテナイが過去に領有を認められたことのあるアンピポリス、それにピュドナ、ポテイダイア、メトネを取り戻せるという理屈である。「所有しているものを所有する」は、第一回使節帰国後、エラペボリオン月十八日に開催された民会で、ピリッポスの威力の前にやむなく受け入れて、採択批准した条文ではなかったか。（それすなわち、アンピポリス奪還を断念することであった。）しかし数年を経て、アテナイで反マケドニアの潮流が勢いを増してきたこの折衝時、あえてピリッポスの鼻先に「自分のもの」なる文言への置き換えを突きつけたのである。また小島ハロネソスをアテナイに与えようと言ったピリッポスに対し、「返還する」（アポドゥーナイ）と言わず「与える」（ドゥーナイ）と言うのであれば、受け取らない、と二音節のあるなしにかこつけて、アテナイの領有を主張したりする（ピリッポスは海賊を追い出したあと、ハロネソスを占有していたのである）。ピリッポスとしては、図に乗って身勝手を重ねるアテナイのご都合主義に愛想をつかしつつも「ピロクラテスの講和」を遵守し、平和を維持しようと譲歩をすら申し出ているのである。だのに見え透いた詭弁を弄してマケドニア王を欺こうとは、許すまじき傲慢！　烈火のごとく怒ったピリッポスは、ヘゲシッポスらアテナイ人使節に即刻退去を命じ、彼らに宿を貸し饗応したマケドニア在住のアテナイ人詩人クセノクレイデスを、国外追放に処した。

　アテナイで急激に拡がるマケドニアへの敵対感情をせせら笑うかのように、ピリッポスはエリス、メガラ（ペリラス）、エウボイア島中部のエレトリアの外港ポルトモスや北端のオレオス等親マケドニア派の牛耳る地域に支援の手を差し伸べ、傭兵隊を送るなどして次々とこれらのポリスへの支配力を固めていった（メガラではアテナイの将軍ポキオンによって企図を阻止されたが）。アテナイでは、講和修正の折角の機会を逃がしたと親マケドニア派は鱓《ごまめ》の歯ぎしりしきりであったが、その失態にとどめを刺すかのように、ピロクラテスが弾劾裁判で訴追された。ピリッポスから受けた巨額の金銭・財物と引き換えに、民会を騙して国益を損なう講和と同盟（＝「ピロクラテスの講和」）を結ばせた、という罪状である。提訴者はこの時期デモステネスに与して、強硬にマケドニア打倒を唱えていた弁論家ヒュペレイデスである。デモステネスは提訴が行われた民会で席を立ち、ピロクラテス以外のその場にいる使節（アイスキネスもいた）で、ピロクラテスのしたことに手も貸していなければ是認もしていない者は名乗り出よ、と挑発的な問いを投げた。しかし誰も名乗り出なかった（Dem. XIX 116-118）。ピロクラテスは判決前に亡命した。世論が反マケドニア派になびくなか、公正な裁判は受けられないと考えたからだと推量されている。不在のままの被告ピロクラテスに、民衆法廷は死刑を宣した。ピロクラテスの家屋敷・財産はすべて国に没収され、競売に付された（その競売品目の目録が、前三四二年の碑文資料として現存する（Agora 19P26））。

宿敵に翳り

講和締結の中心的人物が訴追され死刑宣告を受けたことは、講和維持派にとって致命的打撃であり、世論は親マケドニア派アイスキネスからも大きく離れた。

アッティカ全土で前三四六年に行われた市民資格一斉点検の事業では、アンティポンなる男が市民権詐称を疑われ、ペイライエウス港に火をかけてやると言い捨ててマケドニアに逃亡するという事件が起こったが、まもなくペイライエウス港に潜んでいるアンティポンをデモステネスが見つけ出し、民会に突き出した（この時期いまだ海軍力が不十分だったピリッポスが、エーゲ海に跋扈する海賊討伐の共闘をアテナイに持ち掛けたが拒否され、腹いせにアンティポンを使ってペイライエウス港の放火を計画した、という解釈がある）。しかし公権なしに市民（アンティポン）の居所に侵入し、違法な手続きで拘引したと抗議したアイスキネスの発言を民会は採り、アンティポンを釈放した。ところがこの頃政治的権力を回復しつつあったアレイオス・パゴス審議会が、デモステネスの献策もあって再調査と再審理を命じ、その結果アンティポンは、市民権詐称の罪状で（別解釈によれば、国家反逆罪で）死刑を宣告された。アレイオス・パゴス審議会とは、アルコーン経験者が務める終生議員から成り、いわば長老会議的な位置づけを持つ由緒ある機関である。パルテノン神殿のそびえるアクロポリス北西のアレイオス・パゴスの丘で開催されるため、その名がある。

権威あるアレイオス・パゴス審議会による逆転判決に面目を失ったアイスキネスは、世の潮目の移り変わりを身に染みて感じたが、さらに逆風となったのは、前三四三年のデロス島問題である。デロス島のアポロン神殿の管理をめぐる争いの審理がアンピクテュオニア神聖同盟会議に回付され、アテナイ民会はいったんアイスキネスをこの会議へ送る代表に選出したが、ほどなくアレイオス・パゴス審議会がアイスキネスを解任し、代わりに反マケドニア強硬派ヒュペレイデスを任命した。ヒュペレイデスは、前三六〇年代末にケロネソス半島の奪還をめぐって、将軍告発が頻々と起こったころ、三十歳そこそこで弾劾裁判の原告団に加わったことがある。政界登場をめざす青年にとって大物政治家や有名将軍を敵に回しての訴訟は、いわば政界への登竜門であり、ヒュペレイデスは勝訴を重ねて成功裡にその関門を通過していたのである。この時期、自信満々で重鎮ピロクラテスを弾劾裁判にかけ

（126頁参照）、亡命に追いやったことは上に述べた。反ピリッポスの言動でも注目されつつあったヒュペレイデスは、かつて哲学者プラトンや弁論家イソクラテスのもとで学び、弁舌で右に出る者はいないと賞賛された俊才であった。アンピクテュオニア神聖同盟会議でヒュペレイデスが揮《ふる》った雄弁は、デロス島代表を抑えてアテナイに勝訴をもたらした。

第7章 国内の敵・国外の敵

1 「使節職務不履行裁判」

相次ぐ痛撃に狼狽を隠せない講和維持派をしり目に、デモステネスは、時こそ来たれと勇み立った。三年前、口悔しくも頓挫したアイスキネス訴追（ティマルコス裁判）を、彼は再申請した。第二回対マケドニア使節において、ピリッポスから法外な賄賂を受け取り、祖国を裏切った罪を裁くべきだと、未了のままの執務審査において申し立てたのである。（一）使節として民会に虚偽の報告をしたこと、（二）民会に誤った勧告をしたこと、（三）任務を民会の指示どおりに履行しなかったこと、（四）国家のものなる時間を浪費したこと、（五）収賄したこと、の五つを訴因に、デモステネスは「使節職務不履行裁判」（前三四三年）でアイスキネスを被告席に立たせた。（一）から（四）まですべては、「収賄」あればこそ生じた違法行為だという議論で追い詰めようとしたのである。通常五〇一人の裁判員数が、二法廷規模の一〇〇一人、あるいは三法廷規模の一五〇一人に増やされたという。加えて仕切り柵の後ろには傍聴人がひしめき、場内一同固唾をのんで見守るなか、デモステネス・アイスキネス両人が激突した。

遺恨晴れず

しかしデモステネスは敗訴した。訴追の罪名は上述の「虚偽の民会報告をした」以下五つを数えたが、その主眼は収賄であった。はじめ強硬に反ピリッポスを唱えていたアイスキネスが、第二回対マケドニア使節で、突如親ピリッポスに転じたのは、金銭に釣られて身売りしたからにほかならない、という事由である。過日反ピリッポスの過激な発言を見込まれて、アイスキネスがアルカディア方面に遊説に出かけ、対マケドニア統一戦線の構築に参画したことは周知の事実であり、ペラの王宮でも、厳しく王のアンピポリス占有を批判し、違法、不正と言葉を控えず指弾したほどであったが、帰国後の民会協議では、一転講和と同盟の条文から、ピリッポスの要求通り、ポキスとハロスを対象国外とすることを良しとし、その旨決議させた。第二回、第三回使節行では、ひたすらピリッポスへのご奉公に精を出し、ひそかに会って密談したり、アテナイ民会宛ての書簡を代作したりして、他の使節たちの疑惑を招いたほどだった。これこそ収賄の動かぬ証拠ではないか。憚りもなくピリッポスを「ギリシア人中のギリシア人、世に稀な雄弁家にして無類のアテナイびいき」(Dem. XIX. 308) と褒めちぎる。

デモステネスはアイスキネスの豹変ぶりをそのように描写して、収賄の事実を裏づけようとする。

使節たちは収賄したのか

外交使節が容易に収賄の容疑を懸けられる風潮は、喜劇に頻出するその種のパロディや揶揄からよく知られている。他国の使節に、もてなしの一環として金品財物を贈る古来のしきたりがなお健在である国々では、贈り物の欠如ないし受け取りの拒否は外交関係を否定することになりかねなかった（*X. Hel.* 7. 1. 38; Dem. XIX. 139-141）。個人間であれ、国家間であれ、贈り贈られることによって交わされる友愛の感情は、古代社会を支える絆の一つであった。ホメロス以来その伝統はギリシアのものでもあったが、美風とも言えるこの慣習がいつ、どのようにして贈収賄なる犯罪と見なされるようになったかについては、研究者も強い関心を寄せている。

ギリシア語で単語ドーラ δῶρα（単数形はドーロン δῶρον）は「贈り物」と「賄賂《わいろ》」の両義に使われていた。したがって「贈り物」と「賄賂」を区別することは事実上困難であった。たとえばペルシアへの使節が恩恵と好意のしるしに、金、銀に加えて、病気治療に効果の高い乳牛八〇頭と牛飼、豪奢な寝台や奴隷を貰い受け、さらに海まで駕籠《かご》で運ばせ、従者に王から四タラントンの給料を払わせた例などは、あまりに桁はずれな贈り物だとして市民の憤激を買ったが、帰国後死刑に処されたのは必ずしも「収賄罪」ゆえではなかったという（*Plu. Pelop.* 30. 6）。他方で民主社会が成熟を見た前四世紀後半のアテナイで、公職者の贈収賄を厳格に犯罪と見なす思想は次第に市民生活に浸透し、関連法の整備も進んだと思われる。前にも述べたが、前三三〇年頃の著作と推定されるアリストテレス『アテナイ人の国制』によれば、公職にあって収賄の罪を犯した者は、収賄額の一〇倍の罰金を科され、期限(行政暦年度末ひと月前の第九プリュタネイア)までに支払わなかった収賄者は、国庫債務者リストに記名され、完済まで公民権を停止ないし制限された(117頁参照)。ただ外交使節の収賄に関する法規を特記した法律はない(Dem. XIX. 7)。そして民会動議者の収賄の容疑を裁く「贈収賄に対する公訴」(グラペー・ドーローン)は、制度としてはあったが、具体的にどのような手続きで行われたかの事例は、資料的に確証できるところまでいっていない。

アテナイの法制では、一つの罪状に対して訴える方式ならびに裁きにかける方式が複数あるのが特徴で、刑罰もそれぞれの手続きによっておおむね異なっていた。例えば窃盗犯を訴えたいのであれば、被害者または第三者が現行犯として自分で捕まえて担当役人のもとに連行する「略式逮捕」、あるいは担当役人を犯人のいるところへ同行させる「役人同行」が可能であった。だが加害者を裁判にかけても、得票が五分の一に満たずに敗訴すれば一〇〇〇ドラクマの罰金を払わねばならない。略式逮捕は公訴の範疇に属すとされるからである。それが高額すぎて払えないと思えば、私訴を選び、調停役を通じて訴え出れば、敗訴しても一〇〇〇ドラクマを払わなくてよい。デモステネスが今回アイスキネス告発に選んだ訴追の形式は、任期満了後の公職者すべてに課される「執務審査」であり、延び延びになっていたその第二段で（117頁参照）、再開を申請したのである。贈収賄罪はほかに弾劾裁判によっても訴追が可能であり、有罪であれば刑罰は執務審査の方式によるよりもはるかに厳しかった。デモステネスが今回手続きとして、未了のまま三年を経た執務審査に拠ったのは、最終的刑罰のより緩やかな方式を故意に選んだというよりも、簡単に手っ取り早く片づけられると見たからか。しかし敵意はいささかも衰えていなかった。

敗訴のデモステネスは……

デモステネスによれば、アイスキネスに約束された賄賂は、ピリッポスの征服地の耕作から得られる収入三〇ムナをはじめとてつもない量にのぼり、それらと引き換えに彼がピリッポスのために用意してやった同盟国ポキスの壊滅とトラキアにおけるアテナイの権益横領は、アテナイにとって測り知れない国益亡失である。それにひきかえ、執拗な贈賄攻勢にもかかわらず、巧みな甘言に乗らなかった自分デモステネスはいかに廉潔を貫いたか。デモステネスは自分の清廉潔白さをも対比的に強調して、アイスキネスの〝収賄〟を否定しがたく聴く者に印象づけようとするが、上述のような贈収賄の習いが根強い風土にあって、裁判員のなかにも収賄の事実があったと認める者、認めない者、あるいはあったとしても犯罪とは見なさなかった者等、各人の投票の理由は様々であったろう。またマケドニアをめぐる政策の一方を支持する、他方をよしとする、あるいはデモステネス・アイスキネスの一方に好意的で他方を嫌うという個人的感情に動かされた者がいなかったとは言えまい。（ちなみにある研究者によると、デモステネスのアイスキネスに対する収賄非難は、アイスキネスがデモステネスに対して収賄非難する度合いと同じ頻度で見られるという。）

いずれにせよ、デモステネスは敗訴した。かの「ティマルコス裁判」以来の遺恨を晴らすべく念には念を入れて仕上げた原告弁論も徒労に終わった。収賄容疑を逆にデモステネスに投げ返したアイスキネスの直情径行型の弁明が好まれたのか？

というのもデモステネスの自慢の話法の一つとして、日づけなど数字を次々に繰り出し、叙述の時間的順序を自在に前後させて有無を言わせず主張を受け入れさせる手法が指摘されるが、本件ではむしろ聴く者が三年も前の出来事についていくのに困難を覚え、「〇月〇日に」「その〇日前に」と言われても、却って記憶の錯誤に戸惑っただろうとも推測される。

とにかく法廷論争は何を措いても勝つことが至上目的である。自分の生命や財産を守り抜くことができるのは、ただただ弁論の能力だけだからである。したがって弁舌に長けていれば、原告被告の別を問わず、事実を言葉によってさかさまにねじ曲げてでも、自分に都合よくイメージを再構築することに全力を投入する。そうだとすると、法廷弁論とは、道義を欠いた能弁家が幅を利かせる「正義の殿堂」にふさわしからぬ技《わざ》であり、むきだしの「権力意思」がまかり通る、強者の武芸館にほかならないことになる。哲学者プラトンは、そうした危険の潜む弁論術を「裁判というすばらしい制度に取りついて、毒を流す胴枯れ病」(Pl. *Lg.* 937D)と酷評している。

さあれ、この「使節職務不履行裁判」は、反ピリッポス・親ピリッポスの両尖兵の一騎打ちともいうべき緊迫感に終始したが、平和路線の領袖エウブロス、有能な将軍でありながら対外拡張主義に慎重なポキオン、ピリッポス〝撃退〟で名を売ったナウシクレスがアイスキネス支持に立ったことは、何より大きく彼の勝訴にはたらいたといえよう。ただし三〇票差の辛勝であった。

デモステネス、意気高し

敗訴したデモステネスは、挫けてはいなかった。否、かえって覇気満々であった。わずか三〇票という僅差は、世の潮流が滔々と反マケドニアに向かっていることの証しではないか。この裁判によって、ピリッポス敵視の輿論が下火になったとは断じて言えまい。

一方ピリッポスは前三五〇年代には西はエペイロスに侵攻して、打ち負かした王の息子(四人目の妻オリュンピアスの弟)を人質に取り、マケドニア西南部の服属を万全にしたかと思うと、東は短期間で東トラキア王ケルソブレプテスに臣従を誓わせて、いよいよ版図拡大に余念がなかった。これに対処するアテナイも繁忙をきわめた。〝領有〟するケロネソス半島の付け根の都市カルディアに軍事植民を送り込もうとした(前三四三年)が、国庫からの軍資金給付なしに出動した将軍ディオペイテスは、商船保護の名目でヘレスポントス沿岸諸国に金を出させたり、配下の傭兵に人家を荒らさせたりと、その軍勢が暴徒さながらに金品食料をあさり回るのを止めようとしなかった。現地住民の恐怖と怒りはいわずもがな、カルディア侵攻は国内でも問題視された。ピリッポスが送ってきた講和条約違反だという抗議の書簡を受けて、親マケドニア派は将軍ディオペイテスの処罰を提案したが、デモステネスは彼を擁護するだけでなく、勢力増強のための軍資金を追加で送らせて、カルディア侵攻の正当性を強く主張した。前三五七年に和平合意に到ったケロネソス半島諸ポリスのうち、カルディアだけが友好協定を拒んでいたのである（66頁参照）。前三四二／四一年の民会演説『ケロネソス情勢について』（現存）では、直前の演説者がディオペイテスを非難したのをまずは反駁して、

「……［出動］将軍（ディオペイテス）に既定の経費を支給することもせず、本人が自分で工面しても、これを褒めてやる代わりに小言を言い、どんなやりくりをしたのか、何をするつもりなのか、とか詮索するばかり……」（Dem.Ⅷ. 21, 23）

と親マケドニア派の言動を責め、講和条約に違反しているのはピリッポスのほうだと糾弾する。

「いまさら戦争か平和かなどと言っている人たちは、いったいどういうつもりなのでしょうか…残されているのはもはやのっぴきならぬ行動であり、究極的な正義の行動だけなのです」（Dem. Ⅷ. 6-7）

同年（前三四一年）続けざまに放った『ピリッポス弾劾　第三演説』『ピリッポス弾劾　第四演説』

では、ピリッポスがこれまでいかに〝詭弁〟と詐術をもってギリシア各地を征服支配してきたか、テッサリアを、オリュントスを、そしてまたテバイを甘言で釣って味方にしておいて、とどのつまりは隷従のくびきに縛りつけた、同じ手口で、次はビュザンティオンを、その次はアッティカを属国化するのは目に見えていると断言する。

「彼はこのアッティカの地域そのものやペイライエウス港へ軍を進めても、それをもって戦争しているのだとはけっして言わないでしょう……私としては、彼がそんな行動をとっていながら諸君との間の講和条約（ピロクラテスの講和）を守っているのだとは、とうてい認めるわけにはいきません。私は断定します、彼はポキス人を滅ぼしたまさにあの日以来、戦争を仕掛けているのだと」（Dem. *IX.* 10, 17, 19）

そして手なずけられ、ピリッポスにおもねりへつらう親マケドニア派は、どんな結構な報酬を得るだろうかと皮肉り（Dem. *VIII.* 64; X. 66）、彼らは「かつてギリシア人が自由に対してもっていたあれほどの熱意を放擲し、いまは隷属することに汲々としている」（Dem. *IX.* 36）。「われわれのなすべきことは……まず諸君のうちにあって彼（ピリッポス）のために弁じている者どもすなわち国内の敵を罰することです。さもなければ国外の敵に勝つことは断じて不可能だから」（Dem. *VIII.* 61; *IX.* 53）と敵対者を一刀両断にする。

さらに激しい憤りは、「憚《はばか》ることなく敵国のために弁ずる自由が与えられている」（Dem. *VIII.* 64）国情ゆえに、「言論の自由を他国よりもはるかに多く享受していながら……国政の審議場からまったくこれを閉め出している市民たち」(Dem. IX. 3) に向かわずには済まない。

『ピリッポス弾劾』の題名の演説第一から第四までは、後世まとめて『ピリッピカ』と名づけられ、マケドニアへの抵抗と祖国愛の記念碑的作品群とされている。それらを通して発されるメッセージは、決起せよ、軍事対決に遅れを取るな、である。

『ピリッピカ』

ピリッポスの黒海進出、武力戦略による版図拡大を徹底的に追及し、これを見過ごしてよいものか、否、父祖伝来の、悪に立ち向かう使命と栄光に倣い、ギリシア最高のポリスの責務として他国の協力をも取りつけ、率先していまこのとき軍事行動をもって阻止する以外に取るべき方策はあるか、とデモステネスは近来唱えてきた「軍事力には軍事力を」という議論をふたたび、みたびと繰り返す。

デモステネスはこれまでご法度とされてきたデリケートな話題にも触れる。「この問題に触れるのはとても恐いのですが……」(Dem. X. 35) と遠慮がちな様子を見せてデモステネスが持ち出す論題は観劇基金のことである。この基金から観劇手当の名目で少額(二オボロス)ながら手当を受け取ることは、貧困層にはおおいに歓迎されていた。その慣行はまもなく様々な名目で国庫金を市民が自分たちの間で分け合うという発想を広げる。和平派エウブロスは、毎年の歳入余剰金全額を軍事費に充てることを厳禁する法律を導入し、そうした市民への手当の財源である国庫金の確保を図った。以後、演説者にとってこの話題はタブー同然であった。というのも戦費が不足し、有事には富裕層から戦時財産税を追加徴収するほかないとなると、税負担に不満の絶えない富裕層と貧困層との対立がいよいよ深刻にならざるをえなかったからである。したがってデモステネスは、基金に言及することを慎重に避けてきたが、ここにきてあえてこの一件に触れたのである。そして強硬な反論や妨害を予測しながらも、主張の裏づけとなる海軍財政の抜本的改善を提案した（ただ観劇基金の軍事費への充当が実現したのは、ようやくカイロネイア戦（前三三八年）の前年であったが）。

デモステネスはさらに盟友ポリス名を挙げて、共闘を提唱する、ペロポネソス諸国、ロドス、キオス、それにペルシア王にも呼びかけて、いまこそ対ピリッポス戦にギリシアの総力を結集すべきときだと。

「……彼らに事の真相を教えて忠告すべきなのです。それは、これほどにも大きな名声を諸君が享受しているこの国がなすべき勤めなのです」（Dem. *IX*. 73）

もはや開戦あるのみと獅子吼《ししく》するデモステネスに、市民たちは有事を覚悟して浮足立った。

ピリッポス、業を煮やす

他方ピリッポスは「ピロクラテスの講和」修正の呼びかけにも、問題を公正な仲介に委ねようという誘いにも応じず、講和を瓦解させようと武力行動を控えぬアテナイに業を煮やし、いよいよトラキア占拠に戦力を注入した。そこで上記の、ディオペイテスが攻略を試みたカルディアに続けて、トラキア内陸部の寒村にまで足を伸ばして、ついにプロポンティスの要衝の都市ペリントスを包囲した。ところがペリントスは、ペルシア王の命による小アジアの沿岸都市の援護を得て、なかなか陥ちない。これにてこずったピリッポスは、近接して黒海入口に位置するビュザンティオンを裏切りのかどで包囲した。

ビュザンティオンは前にも触れたとおり第二次アテナイ海上軍事同盟から前三五五年に離反し（51、58頁参照）、前三四二年以降ピリッポスと同盟を組んでいた。裏切り者呼ばわりされたビュザンティオンとしては、当面の情勢判断に基づき、外交方針を変更したまでであったが、アテナイとはつかず離れずしながら、浅からぬ縁《えにし》にある。前三四一／四〇年（?）にディオペイテスが戦死すると、残忍暴虐ゆえに悪名高い後任将軍カレスは、派遣先の同盟国にすら入港を拒否される始末で、ヘレスポントスにおけるアテナイの海軍活動はピリッポスの行動を阻止するには至らなかった。

風雲急を告げる

激化するデモステネスの論調に、ピリッポスは宣戦布告とも読める書簡を送って強く抗議した（この書簡は、大方の研究者によってピリッポスの真筆と認められ、デモステネス全集の一二番目に『ピリッポス書簡』として編入されて現存している）。

一方で、ビュザンティオン復権成らぬピリッポスは、大胆な海賊行為に出た。ヘレスポントスで、護衛戦艦の到着を待っていたアテナイの穀物輸送船一七〇隻を拿捕し、搭載穀物を売り払った。アテナイの糧道封鎖である。この知らせにアテナイ民会は殺気立った。講和の条文を記した大理石の石柱を押し倒して、「ピロクラテスの講和」破棄を宣言した。

デモステネスはビュザンティオンに飛んだ。ピリッポスからの使節と張り合って、同盟市戦争（前三五五年）以来の離反を解消させ、同盟に復帰させた。近隣のアビュドスなどアテナイに敵対していた国やトラキアの王たちとも友好協定を交わすことに成功し、「彼らに口で負けて帰ったためしはない」（Dem. *XVIII.* 244）と後日自賛するほどの成果をあげた。デモステネスの意を受けたヒュペレイデスも、エーゲ海東岸の旧離反国キオス、コス、ロドスに急ぎ、同盟盟約を取り戻した。

ビュザンティオン征討成らなかったピリッポスは、マケドニアに戻る帰路沿いに、スキュティア人、次いでトリュバロイ人といずれも勇猛剽悍な種族と戦う羽目に陥り（前三四〇／三九年冬）、その戦闘でみずからは太腿に重傷を負い、残りの生涯跛行することになる（Plu. *Mor.* 331B）（太腿の傷の時期については様々な異説がある)。

ピリッポスのはかばかしくない戦績とはうらはらに、アテナイはヘレスポントス海域における戦闘に勝機をつかみ、ビュザンティオン民会の満場一致の決議による謝意と特恵国待遇を贈られるなど、久しぶりに明るさを取り戻した。デモステネスは対ピリッポス抗戦に連携を得るためにペロポネソス地方、ペルシア王への使節派遣をも提案し、エウボイアにも援軍を派遣してオレオスとエレトリアをピリッポス勢力からの解放に至らしめた。これらの顕著な功績に対して授冠の栄誉を受け、いまやデモステネスは全ギリシアの運命を双肩に担って立つ、救国の第一人者たるの令名を馳せた。政治家としての絶頂期である。

海軍財政を刷新

デモステネスが海軍財政に斧鉞《ふえつ》をふるったのは、この頃と思われる。海軍出動を支える三段櫂船奉仕制度は、それまで何度か修正を経て、この時期海軍出動の遅滞を避けるため、効率を旨とする方式が行われていた。納税義務を負う一二〇〇人の富裕者が六〇人ずつ二〇の納税分担班に分けられ、各分担班が払うべき金額全部をその班の上位三人が私有財産から立て替えて前納し、あとで自分の責任で各納税者から回収するというシステムである。しかし立替役が下請けの徴税人を雇って回収に当たらせ、下請け費用も含めた諸経費を上乗せして回収を実行させることによって、ほとんど、あるいはまったく自分は出費せずに三段櫂船奉仕金を負担したように見せかけ、それによって同年度と次年度の他種の公共奉仕の免除を手に入れるという悪弊がはびこった。しかも徴税の請負だけでなく、航海先での戦闘等危険を伴う業務も、市民でありさえすれば請負うことは禁止されていなかったので、貧乏人が金で雇われ、遠征地で手あたり次第略奪した金品を貯めこんで、「成り上がった」事例には事欠かぬ有様だった。

こうして積もり積もった悪習・歪みを改めようと、デモステネスが断行した三段櫂船奉仕法の改正とは、分担班を廃止し、最富裕者三〇〇人に財産高に応じて奉仕金額を納付させ、出動時の艦長としての任務などの付帯業務を請負人にさせずに、任命された奉仕者みずからが行うよう規定したものである（ただし二〇の分担班そのものは存続させ、二〇班のそれぞれの上位一五人が「三百人」と呼ばれた、という解釈もある）。

この修正法は最富裕者の名誉心を喚起したとはいえ、負担を増すものであったため、強い抵抗を受け、法案の上程を阻止しようとする動きが起こらずには済まなかった。

「[富裕者たちが] どれだけの金を私の前に積んだと [諸君は] 思われますか、あるいはそれが駄目なら差し止め宣誓による凍結も辞さない構えで、その額の大きさと言ったら、アテナイ人諸君、口にするのも憚られるほどのものだったのです」(Dem. XVIII. 103)

と後日回顧するデモステネスは、「不適正な法律提案」のかどで公訴にかけられたが、無罪放免された。じつはデモステネスによるこの改正法がどの時点で行なわれたかは、かならずしも明確でない。あるいは戦争開始直後であった可能性も否定できない。だがいずれであれ「ピロクラテスの講和」の石柱を押し倒し、いわば〝宣戦布告〟したアテナイにおいて、デモステネスはいまや戦端を切って落とす瞬間を待ち構えているギリシア側つわものの長《おさ》であった。

2 ギリシアの自由のゆくえ

アンピッサ戦争（第四次神聖戦争）

マケドニアに戻る途上にあったピリッポスが得た新たな知らせは、またも中央ギリシアを揺るがす、デルポイのアポロン神殿をめぐる戦いである。というのは三〇数年前の地震で大破して、再建工事がまだ続行中であったアポロン神殿の奉納品のなかに、アテナイから献じられた黄金の盾があり、その銘文に「盾はペルシア人およびテバイ人からの戦利品をもって制作したもの、彼らがギリシア人に向かって戦った時の」という銘文が刻まれていた。ペルシア戦争のときのプラタイアの戦いで（前四七九年）、テバイがペルシア側についたことを明記した奉納品である。一世紀を経たいま、それをアテナイがふたたび神殿の欄間に掲げようとしたことが、神殿周辺国の怒りを呼び起こした。テバイのギリシア人としての誇りを傷つける文句を記した盾を、アテナイは麗々しく欄間に飾り、アポロン神に不敬をはたらいているというのである。前三三九年、アンピクテュオニア神聖同盟会議は、総会でアテナイのこの不敬を指弾して、五〇タラントンの罰金を決議した。提議の上程は、デルポイの北西に位置し、テバイと同盟を結んでいたアンピッサ市によって行われた。ところが次の臨時総会にアテナイから代表の一人として出席したアイスキネスが、逆に禁忌の地に耕作の鍬を入れたアンピッサ人の「不敬」を指弾する。故実に通じたアイスキネスの演説は、議場を制した。ここにアンピッサ懲罰のための「アンピッサ戦争」すなわち第四次神聖戦争が起こされる。アンピッサ市対テッサリア等アンピクテュオニア神聖同盟諸国の戦争である。だが罰金支払いを拒否するアンピッサを攻めながら、膠着状態から抜け出せないアンピクテュオニア神聖同盟は、将軍の無能を責め、代わりに、いまやアンピクテュオニア神聖同盟会議の議席を持つピリッポスに出動を要請した。戦いに勝者となれば権力におごること必至の同国人よりは外国人を、という思惑からの要請であったという。また第四次神聖戦争に決着をつけることのできる将軍は、第三次神聖戦争の場合と同様ピリッポスしかいないという醒めた思いからであったともいう。ヘレスポントス海域からの帰途重傷を負っていたにもかかわらず、ピリッポスは一路ギリシア中央部に向かった。同時にペロポネソスの同盟者などにも書簡を送って出兵を求めた。武装して四〇日分の食糧をもった兵士を即刻対アンピッサ戦争のために送れ、というアンピクテュオニア神聖同盟軍の最高司令官ピリッポスの名による指令である。「従わなければ、われわれの協約中に存する懲罰を適用するであろう」(Dem. XVIII 157)(われわれとはアンピクテュオニア神聖同盟加入国すなわちアテナイ、テバイのほか、ペロポネソスのアルカディア、エリス、アルゴス等をも含む)。

またまたディレンマ?

アテナイはこの書簡に戸惑った。すでに「ピロクラテスの講和」の石柱を倒し、ピリッポスに対して敵性国家の立場を明確にしたアテナイではあったが、アンピクテュオニア神聖同盟の一員としてその総帥の指令に背くわけにはいかない、それに何よりもアンピッサ戦争の事の起こりはアテナイ奉献の盾にある。しかしテバイは、盾の文言が、明確にペルシア人に与した裏切り(前四七九年)を永遠に刻印し、おまけに同盟国アンピッサ市を敵に回した戦いであるという理由で、第四次神聖戦争参戦を見送った。アテナイは中立の立場をとることにして、陳弁の使者をピリッポスのもとに向かわせた。ピリッポスはアテナイの相も変らぬ日和見主義を非難するとともに、中立休戦の民会決議を導いたとおぼしき「悪意の献策者たち」デモステネスらを厳しく指弾した。

ピリッポスは一方でテバイにも書簡を送り、アンピッサの件にあって友愛と講和の更新を求めてきたテバイに、厚い信頼をもって応える旨の言葉を贈った。ピリッポスにとって、アテナイとテバイを極力引き離しておくことは、七年前の「ピロクラテスの講和」時にも増して至上命題である。このエーゲ海随一の海軍国と陸軍大国が手を結んでマケドニアに敵することがあっては、これまでの覇業が烏有に帰す。とすればアテナイとは宣戦布告を宙に浮いたままの状態で実行から遠ざけ、テバイにはなお同盟国として接するのが得策であろう。テバイは先ごろピリッポスによってテルモピュライ先端の要地ニカイアに配されていた（前三四四年）マケドニア側駐留軍のテッサリア人を追い出す（Philoc. *fr.* 56b）という不遜の態度を隠さなかったが、ピリッポスはおおいに疑念を深めながらもいまだ報復の時にあらずと、自重した。協定の約定は空文化していないと見なしたのである。

ピリッポス、抜き打ちでエラテイアに

こうしたピリッポスとアテナイ・テバイ両ポリスとの虚々実々のかけひきは、ピリッポスのエラテイア占拠という想定外の行動によって、一挙に緊迫の度を高めた。アンピッサ討伐に向かうと見えたピリッポスが突如方向を変え、アテナイからわずか二、三日の距離しかないポキス北東部のエラテイアを占領したのである。これを機に、事態は急湍の流れで「カイロネイアの戦い」に突き進む。その間の動向は、八年後のいわゆる「冠裁判」において、デモステネスの弁論『クテシポン擁護（冠について）』で、彼自身の口から語られる。その詳細は後段に譲り（170-176頁参照）、ここではアンピッサにおけるアイスキネスの〝愚行〟がカイロネイア戦を引き起こした、と詰《なじ》るデモステネスに話を戻そう。

デモステネスによれば、アンピッサ戦争なる馬鹿々々しい争いの因《もと》であるこの呪われ者（アイスキネ

ス）の犯罪は、いまに始まったことではない。ピリッポスをアンピクテュオニア神聖同盟軍の最高指揮官に据えたのはアイスキネスにほかならず、彼の謀略でアンピッサが告発者から被告発者にされたのも、すべて金で雇われてピリッポスにかしずくアイスキネスの企みによっている、アンピッサ事件にはできるだけ関わるなという自分の警告にもかかわらず、民会はピリッポスの参戦要請に、だらしなくも弁解の使者を送って彼の侵攻を許し、あげくにピリッポスにテッサリア人、アイニア人、アイトリア人、ドロピア人、プティア人まで合流させてエラテイアを占拠させたではないか。

こう言ってアイスキネスへの憤りを爆発させるデモステネスの権幕に煽られ、民会は非常事態を覚悟した。アンピッサ討伐に加わらなかったことに対する懲罰のため、ピリッポスがエラテイアから今にも城門を破って攻め入ってくると人々は恐れ怯えて叫び、極度の混乱が街を襲った。デモステネスは民会で沈着冷静を説く、

「テバイ人がピリッポス側についたと思い込んで慌てふためいている人たちは、現実を認識していないと私は思います。なぜなら、もしそうなら、エラテイアではなく、わが国の国境にピリッポスが来ているという知らせを聞いたでしょう、そうに違いありません。けれども、テバイでの足場を固めるために来たということは間違いありません」（Dem. XVIII. 174）

とすれば疑いなく開戦は迫っている。時至れりとデモステネスは、乾坤一擲《けんこんいってき》の大事業に挑む。宿怨た

だならぬテバイとの同盟という、誰もが予測しえなかった離れ業をやってのけるのである。そもそもアテナイ人にとってテバイ人とは、ペルシア戦争（前四七九年）でギリシア人を裏切った許しがたい人種である。一〇〇年以上前のこの恨みを、アテナイ人はけっして忘れていない。デモステネスの大事業とは、そのテバイとの同盟締結をまず臨時開催のアテナイの民会で提案し、可決させ、そのうえでテバイへ行ってピリッポス打倒の正義と責務を説き、テバイ民会説得をも果たそうというものである。国境の地オロポスの奪い合いで年来争ってきたり、ポキス破滅後アテナイはテバイの敵から友になったり、と両国の関係はめまぐるしく揺らいでいた。エラテイア占拠の報に不気味な沈黙が民会場を覆うなか、独り立ってデモステネスは同盟の要を説く。彼の弁舌がひときわ熱を帯び、ついに市民の心を動かした軌跡は、これも八年後のデモステネスの弁論『クテシポン擁護（冠について）』において、一編のハイライトとして彼自身の口から語られる。古代ギリシア語散文中の白眉といまなお称えられるその叙述は、いかなる論理をも超えて聴き手の心を打ち、なにゆえ市民が昨日の敵を今日の友として迎え入れたかを、この上なく雄弁に語って余すところがない。

いまや戦機はいよいよ熟したと見るデモステネスは、むろんそれまでにもペロポネソス半島、ギリシア西南地方の諸ポリスから同盟を取りつけてはいた。みずから使節として赴き、また同志の政治家を送り込んで、対マケドニア決戦への覚悟を確認させたところもあった。なかにはメッセニア、エリス、アルカディアなど中立の立場を選ぶ国もあった。中立という選択の理由は、ピリッポスの軍事力の前になす術《すべ》はなしと判断したからか、横柄なアテナイに与することを嫌ってか、あるいは戦乱に倦んだためか、とさまざまに推測されている。しかしコリントス、アカイア、レウカス、ケルキュラ、メガラ、エウボイアなどギリシア連合軍への参加を確約したポリスも少なくなかった。(アカルナニアほか若干の島国も応じた、とも)。ただこれら群小諸国では戦力不足と懸念していたところに、陸軍大国テバイとの間に結ばれた同盟は、あらゆる憂いを払拭した。

カイロネイアの戦い

かくして前三三八年メタゲイトニオン八日(現在の八月二〇日頃)、連日の暑熱に草木も人も生気を失うなか、アテナイから一三〇キロメートル離れたボイオティアの国境に位置するカイロネイアの平野で、アテナイ・テバイを中心にしたおよそ三五〇〇〇の歩兵、一四〇〇の騎兵のギリシア連合軍は、ピリッポス率いる約三四〇〇〇の歩兵、二〇〇〇の騎兵のマケドニア軍に対峙した(Diod. 16. 85. 5)。数の上ではほぼ互角であったが、弱冠十八歳のマケドニア王子アレクサンドロスが率いる左翼騎兵隊の猛攻に、テバイの精鋭「神聖隊」三〇〇人はあえなく敗れ、アテナイ兵団に向き合う右翼のピリッポスが退却と反撃を繰り返す巧みな陽動作戦は、ギリシア連合軍を粉砕した。

夜明けとともに始まった戦闘は、夕暮れ前にマケドニア軍の圧倒的な勝利をもって終わった。アテナイは一〇〇〇名の戦死者、二〇〇〇名の捕虜を数えた。「武運長久」と金色の銘の刻まれた盾を持って出征したデモステネスは、部署から離れ、盾を投げ捨てて逃げ帰った、と伝記作家プルタルコスは書いているが（Plu. *Dem.* 20. 2）、政敵などの悪意に満ちた誇張・牽強付会に基づく風聞が、あたかも事実であるかのように言い広められたのではないか。「盾を投げ捨てて逃げ帰った」が事実であったとすれば、デモステネスはすぐさま訴追され、公民権停止の重刑に付されたであろうが、こののち彼は支障なく市民として活動し続けているのであるから、悪質な誇張表現と考えられよう。勝者ピリッポスについても、さまざまな記録が伝えられる。自軍の戦死者を火葬で手厚く弔うための葬礼儀牲式に向かう途上、敵軍テバイの「神聖隊」三〇〇人の遺骸が横たわっているのを見たときは、涙に咽《むせ》び、彼らの勇気を称える記念碑ライオン像の設置を命じたという（Paus. 9. 40. 10）（二十世紀に復元された、大理石のライオン像がその地にある）。一方伝記作家プルタルコスによると、勝利の喜びのあまり泥酔して、累々たる屍体の上で踊り狂ったピリッポスは、酔いが醒め、自分を巻き込んだ戦闘の大きさを思い返したとき、営々として築き上げたわが覇権と生命を脅かす危険を、ただの一日のうちの数時間に賭けさせた弁論家デモステネスの手腕と力に身震いしたそうである（Plu. *Dem.* 20. 3）。

敗戦国アテナイでは

アテナイでは、激しい恐怖が市民を襲った。いまにもマケドニア兵が大挙して乱入してくるのではないかと人々はおののき、民会では市民権喪失者を復権させ武器を持たせて防衛に当たらせようという提案さえ出された（Dem. XXVI. 11）。デモステネスはすぐさま食糧確保のため海路に出発し、友邦諸国を回った（のちに国外逃亡と政敵は糾弾する（Aes. III. 159; Dem. XVIII. 248）。しかしアテナイに対するピリッポスの処遇は予想外に寛大であった。息子アレクサンドロスと重臣アンティパトロスを戦死者の遺灰に付き添わせ（Plb. 5. 10. 4）、二〇〇〇人の捕虜とともに、身代金なしで故国に送り届け、マケドニアと対等の立場で和平交渉に臨むことをアテナイに許した。ペイライエウス港へのマケドニア艦船配備を行わず、市街地に駐留軍を置かず、国体の存続を認めて民主政を手つかずに残し、旧来のアテナイの植民地レムノス、インブロス、スキュロス、デロス、サモスの諸島は引き続き領有を認めた。ケロネソス半島の入植市民は、帰国させてこの地域のアテナイ権益の残滓を認めなかったが、積年の恨みの地、国境《くにざかい》の地オロポスは、テバイから取り上げてアテナイに与えた。どたんばで寝返ったテバイへの報復は峻烈を極めた。有力市民の一部を手斧で殺し、他を追放および財産没収に処した。テバイ人捕虜の返還および（「神聖隊」の三〇〇人を除く）戦死者遺体の埋葬は有償を条件に出し、第三次神聖戦争以降テバイのものになっていたオルコメノス市、プラタイア市等の支配権を剥奪した。ピリッポスがアッティカに侵攻しなかった理由を、デモステネスは「将来を見越しての猫かぶり」と言う。しかしアイスキネスによれば、デモステネスは「供犠のしるしが、吉と出なかったからだ」と占《うらな》いのせいにしたという（Dem. XVIII. 231; Aes. III. 131）。

いずれにしても敗将の名誉を重んじた和平交渉、戦死者への丁重な処遇は、明らかに勝者の余裕以上のものであった。ただ第二次アテナイ海上軍事同盟の解体命令は、多くの同盟国の亡失もさることながら、「アテナイ帝国」の終焉の宣告であり、デモステネスには、直視しがたい烙印であった。アイスキネスが、将軍ポキオンとデマデスとともに「国の生き残りを賭けて」和平交渉に奔走した（Aes. III. 227）、と吹聴するのも、デモステネスにはなんとも腹立たしいかぎりである。

「デマデスの和約」

デマデスはこの戦後折衝で成立した和平に「デマデスの和約」なる名を与えた政治家で、カイロネイア戦の捕虜の一人であったが、勝利におごってアテナイ人捕虜に辱《はずかし》めの罵言を浴びせ続けたピリッポスを、それが三軍の将のすることですか、と言ってたしなめたところ、衝撃を受けたピリッポスはただちに勝利の冠を脱ぎ捨てて容儀を改め、虜囚の身を顧みずこうも大胆率直にものを言った男を即刻解放し、あらゆる名誉をもって招き寄せたという（Diod. 16. 87. 2）。しかしのちにピリッポスが組織したコリントス同盟（後述157頁）への加入を勧告して回ったデマデスは、アテナイの自由の歴史に終止符を打った人として記憶されることになる。弁論家としても名を馳せたデマデスは、アイスキネスと同じく即興演説の名手だったといわれるが、作品は残っていない。

「デマデスの和約」後、なおアテナイ市街地に動乱の翳が消えぬ日々、「毎日のように」デモステネスは、政敵によって戦争責任を問う裁判にかけられた。しかしすべて無罪放免になった。なお市民の信頼は揺るがないという確信を得て、デモステネスは祖国再建のために骨身を惜しまず奮闘した。私財を投じてまで城壁修復に尽くし、友人の名で議案を提出し続け（政敵の攻撃を躱すための擬装である（Plu. *Dem.* 21. 3））、あらゆる機会にできるかぎりの国家貢献を行った。市民はデモステネスの失政を追及するよりも、ポリスへの尽力、献身を評価した。カイロネイア戦戦死者の国葬が行われる際、慣わしの「当代の第一人者と衆目の一致する英明の市民による」（Th. 2. 34. 6）葬礼演説者には、デモステネスが選ばれた。アイスキネスが、そして「和約」に名を残したデマデスも候補に数えられたが、彼らを抑えて自分が選ばれたことに、デモステネスは小踊りして喜ばずにはいられなかった（Dem. XVIII. 285）。

第8章 パックス・マケドニカ（マケドニアの平和）

1 コリントス同盟

戦勝後まもなく、ピリッポスは全ギリシアのポリス代表をコリントスに召集して攻守同盟を組織した。当面の目標として、一五〇年前にギリシアに侵攻したペルシアへの報復をかかげたが、主班マケドニアのもと、ギリシア世界にあらたな秩序を敷くための体制である。事あれば互いに反目・敵対するギリシア人のポリス間の緊張関係に、抑制を利かせる梃子《てこ》になりうることをピリッポスは見とおしてもいた。また各ポリスにマケドニア寄りの寡頭政を強いるよりも、平等な主権国家が構成する複合体ギリシアを、統一的主権（マケドニア）が維持・管轄する図式の方が現実的と考えたのである。

指針として掲げた加入国の現行政体の維持、相互不可侵、武力抗争の禁止、陸海交通の安全、土地財産の保護、中小ポリスの意志尊重等は（IG II³ 1. 318; Ps.-Dem. XVII. 8, 10）、ほぼ五〇年前の「（ペルシア）大王の和約」（前三八七／八六年）の条項を援用したものであった。小アジア西岸に領有権を保持するペルシア主導で成立した「大王の和約」（11頁参照）は、当初広く汎ギリシア的に共通の永続的な平和を及ぼすという意味の、「コイネー・エイレーネー」（共通平和あるいは普遍平和）の語をもって中小ポリスの自主独立を保障し、大国が小国に覇権をふるう体制を斥け、参加国それぞれが互いに義務と権利をになう一律平等な国際社会の実現を指針とするものであった。しかし「コイネー・エイレーネー」は、爾後四回行われた条約改定にもかかわらず、理念どおりには機能しなかった。アテナイなど大国が、そこに謳われた自治条項を、盟主国の義務などの名目で盟友国支配に利用するという、旧来の構図に変わるところがなかったためである。

だが翌年上記の建前で、ピリッポスが正式に発足させた「コリントス同盟」（歴史上こう呼ばれる）は、これに侮蔑と敵意を抑えかねている一群の謀反予備軍がいる一方で、国際協調を是認する親マケドニア派の政治家に歓迎された。ペルシア征討は、イソクラテスが長年唱えたギリシア民族統合の大義名分であり、アイスキネスがこの大時代《おおじだい》な名目にどう折り合いをつけたのかは知られないが、彼は新秩序に懐疑的な市民を、積極的に転向させようとして、デモステネスを「共通平和」を乱す者と責めるなどした（Aes. *III*. 254）。「平和は戦争よりははるかに尊いもの」、「民主政治の命を守るものは平和」（Aes. *II*. 79, 120, 177）と繰り返し口にしていたアイスキネスにとって、ピリッポスの汎ギリシア的共通平和は、少なくとも方向性を同じくすると思えたのであろう。けっきょくスパルタを除く諸ポリスとともに、同盟加入を拒否しなかったアテナイ民会は、アゴラにピリッポスの立像を建立して、ピリッポスとアレクサンドロスにアテナイ市民権を贈った。

ただ二年後のピリッポスの死の時点でマケドニアの国庫に残っていた金額は、わずか七〇タラントンであったと伝えられ（Plu. *Alex.* 15. 1; Arr. 7. 9. 6）、鷹揚に人に金を与えるばかりで、自分は絶えず金欠に悩まされていた、と伝える歴史家の言葉が正しいとすれば、コリントス同盟の結成は、東征のための資金集めという抜け目ない動機からだったともいわれる。

街角に賑わい

カイロネイア戦禍後の様々な気流が複雑に交錯するなか、卓越した政治家として腕を振るったのはリュクルゴスである。彼は財政に秀でて、前三三六年から一二年間の任期中に、歳入を年間六〇タラントンから一二〇〇タラントンにまで引き上げ、四〇〇隻の三段櫂船建造、ペイライエウス港の修復・船渠《せんきょ》の造設からパン・アテナイア・スタディアムやディオニュソス劇場の再建まで果たして雇用を増やし、街の美観を整えた。また三大悲劇詩人の彫像を建立し、作品再演にあたっては、演出者あるいは俳優の手によるテキスト改変を禁じて、遵守すべき国定版確立を法によって定める等、文化、宗教の諸方面にもその手腕は及んだ。その善政のもと、街には笛の音に合わせてパン粉を練る女たち、マグロ等漁の獲物をアゴラで売る男たちの呼び声等、いきいきとした暮らしの音があふれて、明るい賑わいが広がっていた。リュクルゴスの在任中市民は平和と安定を享受した。

しかしデモステネスは祖国復興に尽くしながらも、絶えずマケドニアの監視下にある生活に快々として愉しまず、先の見えない混沌をかこちながら、どこまで筋を通すかを見計らっていたと思われる。

デモステネスに黄金の冠を！

敗戦から二年後の前三三六年、政務審議会議員クテシポンが、デモステネスへの授冠を提案した。政治家デモステネスのポリスに対する多大な貢献を称えて黄金の冠を授与し、その栄誉をディオニュソス劇場において公布しようという提案である。提議はただちに政務審議会を通過した。ところが民会による決議・批准にかけられる直前に、アイスキネスがこれを違法提案として告発した。提案が差し止められると、当該事案が違法提案であるか否かを判定する「違法提案に対する公訴」が行われる（56、93、215頁参照）。違法提案を差し止めたアイスキネスの訴訟相手は、授冠提案をしたクテシポンである。しかしながら、じっさいの標的はデモステネスであり、彼の失脚、少なくとも敗北という屈辱を狙っていることは明らかである。デモステネスとしては、アイスキネスづれが裁判沙汰に出るとは笑止千万、軽く一蹴できる、と言いたいところ。長年ピリッポスにへつらい、アテナイの威信を損なうことばかりしてきた夷男《えびす》の走狗《いぬ》が、国政の第一人者たる自分と互角に争えるとでも思っているのか？

ピリッポス、凶刃に倒れる

ところが思わぬ出来事がこの裁判を妨げた。ピリッポスの暗殺という不測の事態である。上述のように、カイロネイアの勝利後コリントス同盟を組織し、ペルシア征討に向けた先発隊を送り出したピリッポスであったが、弑逆《しいぎゃく》という思わぬ非運に斃《たお》れたのである（前三三六年初夏）。古都アイガイの劇場で、娘クレオパトラのエペイロス（モロッソイ王国）の王アレクサンドロスとの婚礼が盛大に執り行なわれようとしていたとき、オルケストラに足を踏み入れたピリッポスを、護衛の青年貴族パウサニアスが後ろから襲ったのである（Diod. 16. 94. 3）。パウサニアスは馬で逃げようとしたところをただちに取り押さえられ、その場で刺殺された。

ギリシア世界を駆けめぐったこの知らせをいち早く聞きつけたデモステネスは、晴れ晴れとした表情で政務審議会に赴き、間もなくアテナイに大きな幸運がもたらされると夢でゼウスとアテナのお告げを受けた、と知らせた。踵を接してトラキア戦線にいた将軍の伝令が到着して、ピリッポスの死を報告した。民会は、デモステネスの動議で、この二度とない天恵を謝して神事を執り行い、弑逆者パウサニアスに冠を贈る決議案を採択した。吉報感謝の犠牲式で、デモステネスは祭りにでも行くようなきらびやかな衣装を身に着け、冠を被って、みずから犠牲獣を捧げた。（のちに政敵アイスキネスが激しい侮蔑の口調で言うところによると、犠牲式の日は、デモステネスの娘が死んでわずか七日後であった、服喪の黒衣を脱ぎ捨てたこの男のような、子供に愛情を持たない父親は、他人をも敬う術を知らず、私生活での人でなしは公の場でも有用な市民ではありえないと（Aes. *III*. 77, 160)。）

ピリッポスの死に狂喜したデモステネスは、ただちに対マケドニア戦呼びかけに立ち上がった。ギリシア各地でも不穏な動きがみられ、ペルシア王ダレイオス三世は、ギリシア諸ポリスに金を贈って対マケドニア決起を促した。スパルタは金を受け取ったが、アテナイは応じなかった（Diod. 17. 8. 6)。のちに、その金三〇〇タラントンがデモステネスの手に渡った、と政敵は収賄容疑の材料にするが（Diod. 17. 4. 8; Aes. *III*. 156, 173; Di. *I*. 10, 18）、金銭提供の時期にも異説があり、事の真相は闇のなかである。

一方、マケドニアの王位を襲ったアレクサンドロス三世が旧敵トリバロイ族やイリュリア人制圧に北方で戦い、彼の戦死の噂も流れるなかテバイが蜂起すると、疾風のごとく舞い戻った若き王の懲罰は凄まじかった。降伏勧誘に応じなかったテバイは、アレクサンドロスによって市街地を徹底的に破壊された。「光輝あるテバイ」と歌ったテバイ生まれの詩人ピンダロス（前五一八－四四六年以降）の子孫と、蜂起に反対した市民ら若干名を除き、三〇〇〇〇人が捕虜にされ、奴隷に売られ、六〇〇〇人以上が殺されたという。

テバイへの苛酷な報復でギリシア諸国を震え上がらせたアレクサンドロス三世は、「コリントス同盟」の盟主の地位継承を万全にした後、重臣アンティパトロスにギリシアと本国マケドニアを預けて、ペルシア征討に出かけた。亡き父をもしのぐ俊敏さと総勢約四七〇〇〇の圧倒的戦力で東方に向かった二十歳のアレクサンドロス三世は、グラニコス河畔の戦い（前三三四年）、イッソスの戦い（前三三三年）、ガウガメラの戦い（前三三一年）と破竹の勢いでアジア大陸を席捲する。遁走したペルシア王ダレイオス三世はこののち側近に裏切られて殺害されるが、アレクサンドロスは古都バビュロンに無血入場、王都スサを占領し、ペルセポリスでは壮麗な宮殿を焼き払い、続いてパサルガダイとエクバタナを占領、とペルシアの五大都市を降して、さしもの大帝国を消滅させる。

そうした若き新盟主アレクサンドロスに、デモステネスは「マルギテス」という綽名を奉って面白がった（Aes. III. 160）。マルギテスは古い風刺詩の登場人物で、愚鈍の代名詞であった。ただし少年アレクサンドロスが〝双葉より芳しい梅檀《せんだん》〟であることはつとに聞き知ってはいた。父ピリッポスの留守中に来たペルシア人使節に、幼稚な質問ではなく、道路の長さや王都への旅程の状況、ペルシア大王の戦争への態度、将兵の勇気や胆力といった大人顔負けの質問をして、使節たちを驚嘆させたという。しかしその種の伝聞を一応気にとめてはいたものの、デモステネスにとってアレクサンドロスは、なぜか張りつめた敵意をふとそがれる〝若造〟ではなかったか？　ピリッポスに対して総身《そうしん》の力を振り絞って立ち向かったデモステネスであったが、アレクサンドロスに対しては、はるかに年下の若さゆえか、どこか軽く見ていた節《ふし》がある。

それはそれとして、ピリッポスの死という大事件のためか、デモステネスへの授冠提案を差し止めた「違法提案に対する告発」の訴訟は、開廷されないままに六年が過ぎた。「違法提案に対する告発」は公訴の分類に入るため、原告が裁判員団の五分の一以上の賛成票を得られずに敗訴すれば、一〇〇〇ドラクマの罰金を科される。この罰則は申請受理後の告訴取り下げにも適用される。ただし提案議案の政務審議会による受理後、民会に上程されぬまま一年を経れば、議案は自然消滅した（Dem. XXIII. 92）との説もあり、本件のような特殊な状況ではどう解釈されたのかは不明である。

2 余光に映ゆ

「冠裁判」

とまれ、アイスキネスは、前三三〇年にこの「違法提案に対する公訴」を再申請した。提訴後六年の空白と告訴取り下げへの罰則を顧慮すれば、訴訟再開に踏み切らざるをえないとアイスキネスが覚悟したのか、あるいは逆にパックス・マケドニカ（マケドニアの平和）を享受する市民の活気ある日常を追い風に、いまこそ旧反マケドニア派を蹴散らしその棟梁の首を取る最後の機会と判断したのか、推断は容易ではない。さらに前三三一年アレクサンドロスに叛旗をひるがえしたスパルタ王アギスの失敗が、アテナイの好戦的政治家たちにも大打撃を与え、民意を失っていたと見られるタイミングを、アイスキネスらが衝いたという解釈もある。アギス王の謀反への不参加を説いたのはデモステネスであった（民会演説（前三三一年））。

一方デモステネスの心情からいえば、いたずらに日が経過し、授冠の提案が立ち消えになることだけは何としても口惜しく感じたであろう。わが弁舌をもってすれば、なおくすぶっているカイロネイア戦の戦争責任を完全に払拭する機会となりうるかもしれない。それは不可能ではない、とも。そこでデモステネスから手を回して、公訴取り下げへの罰則という投げ縄をアイスキネスに投げかけ、じわじわと縛りを縮《ちぢ》めていけば、彼は罰金一〇〇〇ドラクマを払えず政界から消えてくれるだろう。アイスキネスはいまや一押しすれば倒れそうな状態にあるはずだ。六年の訴訟遅延を負い目にやむなく法廷論争に出れば、いかな詭弁上手のアイスキネスといえども、この顕彰提案を潰すことはできまい。かりそめの平和のもと、鬱々として無聊をかこつ市民は少数ではない、自分への声援はかならずや審判の場を制するであろう。デモステネスは提案者クテシポンの共同弁論人として、違法提案だと喚きたてるアイスキネスをねじふせる自信があった。カイロネイア戦戦没者の国葬演説者にアイスキネスを抑えて選ばれ、晴れ舞台に輝いた自分に心酔する市民は少なくない。ピリッポス・アレクサンドロス親子にべったりの亡国の徒党を、この際一掃しうる機運もけっして希薄ではない。とすれば公訴取り下げへの罰金を恐れる原告に、被告側から開廷を仕掛けるという手は、貧乏気質が抜けぬアイスキネスにこそうってつけだ。このように当時の政界天気図を見て、この裁判はデモステネス側が主導した、と見る研究者は少なくない。

両雄一騎打ち

じっさいにどちらが先手を打ったかはさておき、当代きっての弁論の達人同士の一騎打ちの記録が、二〇〇〇年余を経てわれわれの手元にあるという稀《まれ》な事例が、先に挙げた「使節職務不履行」裁判とともに、ここにもう一つある。そして今回の論戦では、カイロネイア戦敗北という「ギリシアの自由」の喪失をめぐって、原告アイスキネスの攻めに被告側のデモステネスがどう応えたか、あるいは原告弁論の何を掬《すく》い取って逆襲したか、その論戦、技法の一部始終をじかに追えるという、まさに「世紀の対決」の現場に立ち会えるのである。

開廷の運びとなった「冠裁判」は、通常の公訴裁判員団五〇一人を一〇〇一人に、あるいは一五〇一人に規模拡大して行われたという。仕切りの柵の後ろに詰めかけた傍聴人は前例のない数に上ったと伝えられる。

訴追の対象は上にも述べたとおり、授冠提議者クテシポンであるが、彼が被告としてどう答弁したかは、弁論散佚ゆえにまったく知られない。おそらく前もって配分を決めた自分の持ち時間もそこそこに、共同弁論人デモステネスに席を譲ったであろう。後世に残った作品は、デモステネスの弁論『クテシポン擁護　別名、冠について』である（なおこの弁論は『冠について』の題名の方が人口に膾炙している。本稿でも大方この通称を用いる）。場内を一瞬静寂が覆ったところで、論戦の火蓋が切られた。

アイスキネスは、執務審査未了者への授冠を禁止する法（Aes. III. 9. 31）への違反を第一に、第二に

「政務審議会が授冠するときは政務審議会議事堂で、民会が授冠するときは民会場で」と、布告場所を指定している法（Aes. III. 32-48）への違反を鋭く衝く。しかしデモステネスはこれら告訴事由への反論を手早く片づける。たしかに自分はこの年城壁修復官と祭祀財務官であったが、授冠は、城壁修復にあたって資金の不足分を私財をもって補ったという奇特な善行を含む、自分の生涯にわたる国家への寄与ゆえであって、執務審査未了者への授冠を禁止する法の枠外にある。第二の違法事由についても、民会が良しと議決するなら、ディオニュソス劇場で布告しても違法ではないと例外を認める法律を引用し、過去の事例を挙げて一蹴する。

しかしながらアイスキネスの論戦の眼目は、第三項の授冠事由にある。「法律は、何人《なんぴと》たりとも民会決議案文に虚偽を記してはならないと命じている」のに、クテシポン提案は「つねに民会のために最善の発言を行ない、最善の行動を取り続けているデモステネスに」と明白な虚偽を提議案に記した（Aes. III. 49-50）、これこそ「いちばん強調したい第三の告発事由」だという。そして原告アイスキネスは、この文言が明らかに虚偽であることを確証するためだと言って、デモステネスの政治歴を四期に分けて、各期間中に犯した（と申し立てる）「市民としてあるまじき」言動を逐一検証断罪する。

これは、しかし、デモステネスにとっては会心の笑みをもって受けて立つべき挑戦であった。アイスキネスが性急に並べたデモステネスの政務上の罪状は、いずれも彼自身誇ってやまない事績ばかりであった。愚劣な「ピロクラテスの講和」にどうにか後始末をつけ、三段櫂船奉仕制度の改変によって海軍財政を蘇生させ、離反諸国をアテナイ海上軍事同盟に復帰させた等々、一〇〇日あっても語り切れないほどの国家への多大な寄与、それらが俎上に載せられた以上、デモステネスは何の遠慮もなく自分の顕著な貢献をひけらかすことができる。これこそ国政の第一人者としての功績を誇示する絶好の機会ではないか。そしてアイスキネスの追及が〝最大かつ究極的大罪〟なるカイロネイア戦の戦争責任、なかでもテバイとの同盟締結に向けられるであろうことは、前々からわかっていた。それにどう反撃すべきかも、しっかり準備してあった。完封勝ちはもう目の前にある。

予想どおりアイスキネスの最大の攻めどころは、「あの素晴らしいテバイとの同盟」であった。これによってアテナイは取り返しのつかない過ちを犯したのであり、「ポリスに最善の寄与をした」という文言の虚偽がこれ以上に明確に証明されるか、とアイスキネスは周到な理論武装をもって「テバイとの同盟」を分析糾弾する。いわく、戦費の三分の二をアテナイが受け持ち、三分の一はテバイに、海上の指揮権は折半で、費用はすべてアテナイに、陸上の指揮権はまるごとテバイに、という卑屈きわまる交渉を持ち掛け、あわせてとほうもない量の賄賂を取った云々。あげくにポリスの宝なる一〇〇〇人の若者の命を「明々白々な危険のまっただなかに」送り込み、「墓石すらも声を上げて慟哭する」未曽有の惨苦を招いたと。

しかしデモステネスは動じない。「テバイとの同盟」を逆に演説のハイライトに据え、みずからテバイの民会場の演壇に駆け登ってこの「奇蹟」を成就させる瞬間までを再現する。

昨日の敵を今日の友に

陸上戦に強いマケドニアの軍勢に立ち向かうには、同じく陸軍大国であるテバイを味方につけないかぎり勝ち目はないとは、当時の政治家共通の認識ではあった。しかし、だからといって積年の恨みつらみの拭えぬテバイと手をつなぐことは、誰ひとり考えも及ばなかった。それにピリッポスがテバイ懐柔に抜かりなく、同盟の名目上とはいえ一再ならず救済を拒まずに来たことでも明らかな、両者の近年の紐帯《ちゅうたい》を断りほどくのは容易ではない。ちなみにデモステネスはテバイのプロクセノスを務めていた。（プロクセノスとは、名誉領事あるいは権益代表である。自国民が他国に在住あるいは訪問する際などに便宜を図ってもらうため、相手国のなかから適当な人物を公的に権益代表者として選定・依頼する国家間の慣習上の役割であり、上に挙げた私人間の「クセノス、クセニアー」（客人、主客関係、72頁参照）を公的制度化したものと言えるが、「クセノス」とほとんど区別なしに使われることがある。）いきおいデモステネスにはテバイ擁護の言動が常日頃見られ、それを支持する者もいたが、「デモステネスのテバイびいき」を嫌う者も少なくなかった。むろん一般市民にも親テバイ派はいて、たとえばテバイ中央部のコパイス湖でとれるうなぎをアゴラに売りに来る商人は、アテナイのグルメ連に大歓迎されていた。そうした複雑な市民感情のなかで、たとえ危機的にピリッポスによる脅威が迫っているとはいえ、テバイと結んだアテナイを中心に、ギリシア連合軍をもってこれを迎え撃つとは、妄想以外の何であろう。そのうえ一般民衆にとって、アテナイ市街地は当時〝聖戦〟中のアンピッサからは距離的に隔たりがあり、一旦緩急あらばという実感は、いまひとつ希薄といわざるをえなかった。

その日常を突き破った変事が、あのエラテイアの抜き打ち占拠である。第四次神聖戦争の指揮官としてアンピッサ討伐に向かうと見えたピリッポスが、突如方向を変え、エラテイアを占領した突発事である。アテナイからさほど遠くないエラテイアをピリッポスが抑えたという知らせは、街中を完全なパニックに陥れた。市民はいまにもマケドニア兵が城門を破ってなだれ込んでくると恐怖に憑かれ、泣きわめきながら神殿に駆け込む人、家財道具を持ち出す人、あてもなく駆けだす人、人、人が道路に溢れた。しかしながらデモステネスにとって、まさにこの時こそが成るか成らぬかの正念場であった。慌てふためく市民を民会に呼び集め、全員傾聴のなか、弁舌をもってテバイとの同盟という不可能事を可能に変えられる瞬間がここにある。八年前のその一瞬を、被告側演壇に立つデモステネスは目のあたりに再現する。

「夕方のことでした、プリュタネイス〔政務審議会執行部〕に知らせの者がやって来てエラテイアが占領されたと言いました。そこで議員たちは慌てて食事中の席を立ち、アゴラから小屋掛けの商人たちを追い出して足場の木材でかがり火を焚く者もいれば、将軍たちを呼びにやらせて、ラッパ手を召喚する者もいました。町中大混乱に陥ったのです」(Dem. XVIII. 169)

翌早暁全市民が駆けつけた民会で緊急に献策が求められる。

「翌日夜明けとともに……もう市民全員が民会場に着席していました。……触れ役が「誰か発言したい人はいますか？」と尋ねました。でも進み出る者はいませんでした。触れ役は何度か尋ねましたが、誰も立ち上がりませんでした、……そこでその日に現われた救い手は、この私でした。私は進み出て市民諸君に向かって演説しました……」(Dem. *XVIII*. 169-173)

デモステネスは語調を強めて、ピリッポスの恐るべき野望を解き明かし、テバイとの同盟無くして祖国救済はないことを説いたその日の演説を続けて再現する。

「ピリッポスがテバイでの足場を固めるために来たということは間違いありません……ピリッポスは金で言いくるめるか騙しおおせたテバイ人を味方に囲い込めたものの、最初から彼に抵抗し、いま敵になっている者たちばかりは、どうしても手なづけられずにいる。そこで彼はどうしようというのか、……兵力を誇示して武装集団を配置し、抱き込んだ連中の意気を高めて自信を持たせる一方で、抵抗勢力には恫喝を与えて、いま拒絶していることを怖気づいて受け入れさせるか、無理矢理従わせるか、それが狙いです……」(Dem. *XIII*. 174-175)

救いに渇きあえぐ市民一人々々の胸に、自分の言葉が清冽な水さながらに染み入るのを感じつつ、デモステネスは言い進んだ、

「ではどうすべきだと私は言うのか？……まず現在ある恐怖を棄てます、次に発想を変えて、テバイのためにみなで恐怖を味わうのです。危険はわれわれよりはるかに彼らの方に迫っており、さきに彼らの方に危難は降りかかります。そこで……諸君がみな武装していることを世間に知らせるのです。そうすれば……自由の戦士には諸君がいてくれて、攻撃されれば、助太刀に駆けつける用意があると、諸君と心を一つにするテバイの人たちは知るからです。……次に一〇人の使節を選出して将軍たちとともに全権を与え……次に……次に……」（Dem. XVIII. 177–178）

と、デモステネスは自分の戦略を明かしてたたみかける。

「誰からも反対の一言も出ませんでした」

まさに弁論家デモステネスの独壇場であった。緊迫の臨時民会をこう再現したデモステネスは、最後に取って置きの修辞技法「クリマクス（漸層法）」をもってテバイとの同盟締結を謳いあげる、

「私はこう言っただけではありません、［書面をもって］提議しました、提議しただけではありません、みずから使節を務めました、使節を務めただけではありません、テバイ人説得を果たしたのです」（Dem. XVIII. 179）（修辞的効果については244–245頁参照）

ついに聴衆全員が口々に「同盟を！」と叫び、アテナイ民会はテバイと結ぶことに全面的に賛同した。続けてデモステネスはみずからテバイに赴き、かの地の民会に臨んだ経緯を語る。すでに名のみとはいえマケドニアは同盟国であるため、テバイの民会ではピリッポスが送った使節が先に演説する。彼らはピリッポスがこれまでにテバイに与えた恩顧とりわけ第三次神聖戦争でのポキス打倒、ボイオティアの主要都市の奪回等を思い起こさせ、旧怨久しいアテナイを敵に回してともに戦うか、さもなくばマケドニア軍のテバイ国土内通過を許すかの二者択一を、と迫った。そしてピリッポスから離反した場合、ボイオティア全域が戦乱に痛めつけられるだろうと脅して決断を求めた（Dem. XVIII. 213-214）。代わって演壇に立ったデモステネスは、渾身の力を振り絞って弁じた。偽善者、卑劣漢、賄賂使い等あらゆる汚名をピリッポスに貼りつけ、その独裁支配下にあるテッサリアなどギリシアの諸ポリスが、いかに甘言に騙され、とどのつまりは悲惨な隷従を強いられたかを述べ、ひるがえって異民族の圧力に果敢に抗したいにしえのわが戦士たち、父祖たちの勇気を称揚し、正義、自由、民主政という、ギリシア人がともにいただく至上の価値を忘れるなと迫った。テバイ市民は激しく動揺した。ピリッポスに服して無事安泰な生活を選ぶか、それともアテナイと結んで戦い、独立自尊の道を選ぶか？　テバイ民会がわずかにアテナイ寄りに傾いたかに見えたとき、いま一度講和の可能性を試そうとピリッポスは使節を送ってきた。しかしテバイは最終的にアテナイを選んだ。

ポリス・アテナイに栄光あれ

かくして誰も予想しなかったテバイとの同盟締結を果たしたことを、デモステネスは前人未到の己《おの》が功業として語り、なおそれに続くカイロネイアの戦いの正当性を証明する。

自分がペロポネソス半島に、ギリシア本土西部に飛び、諸ポリスの参加を得てテバイとアテナイを中心に組織したギリシア連合軍は、マケドニア軍に遜色なかった。しかしわれわれは敗北した。勝敗は天の摂理とは、人間誰しも認めるところではある。会場に広がるざわめきを掬い上げるかのように、デモステネスは聴衆に問いかける。テバイとの同盟を得て、わがポリスにふさわしい行動の備えを整えながら、何もしないで、ピリッポスがギリシア諸国を辱《はずかし》め奴隷化しているのを、ただわきで見ているだけでよかっただろうか。

「そうだ、わが国はあの政策を拒むことはできなかったのだ、いやしくも名声と祖先と来るべき世代を顧慮したならば。……あのときアテナイが他のギリシア諸国の上に立つ地位を標榜しておきながら、後でその地位を売ったという咎を負ったでありましょう、もし父祖たちがいかなる危険に耐えても守り抜いたその誉れを、一戦も交えず放棄してしまったなら……いいえ、わが国はつねに第一人者の地位と栄光とほまれゆえに戦い、一貫して危険に身をさらし続けて来たのです」(Dem. XVIII. 199-200, 203)

デモステネスは断言する、ギリシアの誇りを守り、諸国の運命を一身に背負って戦ったわれわれの選択は誤りではなかった、否、市民全員がペルシア戦争の勇士たち、そしてカイロネイアの戦士たちと一体になってこの気高い務めを果たしたと。

「私が明言したいのは、これらが諸君自身の選択であったということであり、私以前にわがポリスはこういう誇りに生きてきたということです。……いえ、アテナイ人諸君、万人の自由と安寧のために危険を引き受けた諸君が、道を過ったということはありえません、断じてありえません……」（Dem. XVIII. 206, 208）

（民会をカイロネイア戦選択の主体とする位置づけは、それまでに戦争正当化、兵士と市民との一体感を醸成する伏線としてさりげなく、しかし手抜かりなく演説冒頭から埋め込まれてきた（Dem. XVIII, 65, 72, 80-88）。）

水を打ったように静まり返った会場を見渡し、今が勝負と、デモステネスは究極の命題「アテナイの高貴な使命」を謳い上げる。一五〇年前のペルシア戦争で、ギリシアの自由と独立のために身を挺した戦士たち、アテナイ市民なら誰しも、胸いっぱいの誇りなしには聞けないその地名群である。

「誓って言おう、わが父祖たち、マラトンで危険の最前線に立った父祖たち、プラタイアで肩と肩を並べた男たち、サラミス湾で、アルテミシオン沖で海戦に臨んだ男たち、ならびに国有墓地に眠るほかの多くの勇士たちの名にかけて誓おう、ポリスは彼ら全員に等しく、同じ栄誉を捧げて葬った、……勇士の責務は全員によって果たされたからだ。神が割り当てられた運命、それを各人が全うしたからだ」(Dem. XVIII. 208)

旋律豊かに響き渡る英雄賛歌は、いまに連なる祖国の誉れに市民を包み込む。彼らいにしえのつわものたちと真の英雄の名を分かちあえるのは、カイロネイア戦の戦士たちならびに全ギリシアのためにともに戦い抜いたアテナイの市民たち以外の誰であろう。

デモステネスの言葉には、聴く者を酩酊させる美酒の芳香があった。かくて敗北を勝利に変えるというパラドクスを現出し、カイロネイアの戦いを崇高美の極みに昇華させたデモステネスの大技《おおわざ》は、聴き手の心を激しく揺さぶらずにはおかなかった(正義や論理よりも感情に動かされやすい(Di. *I*. 55, 57)と言われるアテナイの裁判員団に訴えるべく、その感応の機微を心憎いまでに計算した手法と言えよう。同時に、アテナイ市民が言葉の魅力にひれ伏して悔いない種族であることを見届けられたことは、彼にとって何にも代えがたい歓びであったに違いない)。

裁判はデモステネスの圧勝であった。市民たちは、忘れかけていたアテナイの栄光を、ふたたび胸に甦らせたのである。謳いあげられた「英雄の務め、ギリシア第一のポリス・アテナイ」の名に、誰しも喜悦の涙を抑えられなかった。それにひきかえアイスキネスは、カイロネイアの決戦敗北という擦り傷に、塩をまぶして揉みこむような辞句を連ね、そのうえ、殲滅された隣国テバイの、生々しい、まだ癒えぬ深傷《ふかで》まで抉《えぐ》り出すことによって、聴き手に戦乱の惨苦が再来したかのような苦痛を感じさせた。周到な分析や論理の説得力に賭けた彼の弁論戦術は、アテナイ賛美の交響曲の前にもろくも崩れ去ったのである。

かくて満天下の耳目を集めた「冠裁判」は、デモステネスをふたたび栄光の極みに立たせる。前三三〇年三月、約一万五千人の大観衆の見守るディオニュソス劇場の舞台で、彼は冠授与の栄誉に輝いたはずである。投票数の五分の一をも得られず敗訴したアイスキネスは、アテナイを去った。罰金一〇〇〇ドラクマが払えなかったからとも、政治生命を絶たれたからとも言われる。

このの ちデモステネスはなお、前三二〇年代初頭に相次いで起こった飢饉の際の糧食調達や寄付行為等（Ps.-Plu. *Mor.* 846A）によって愛国的市民の模範として活動したが、アレクサンドロスがカイロネイア戦の戦犯として引き渡しを求めたアテナイ要人一〇名の一人として名指しされた。しかしデマデスの斡旋によって要請は撤回され、デモステネスの引き渡しは行われなかった。

「冠裁判」以後

上記「デマデスの和約」でも触れたデマデスは、カイロネイア敗戦後のアテナイで目覚ましく活躍した一人である。彼がこの時期民会決議案動議者として名を残した碑文が多数現存する。アレクサンドロスがテバイ殲滅に続いてアテナイに向かう気配を見せたとき、侵攻を思いとどまらせ、好ましい方向に関係を調整したのもデマデスである。

デマデスが幾度もアテナイの極限状況を救ったのは、カイロネイア戦直後、彼が俘虜の身を顧みず諫言したことに対して、ピリッポスが抱いた敬意あってのことでもあろうが（155頁参照）、そうした彼のはたらきを多とし、民会は彫像建立をもって顕彰し、公餐への招待をも決議した。けれどもアレクサンドロスの神格化提案では有罪、罰金一〇タラントンの判決を下した（Di. *I*. 101 後段193頁参照）。そして彼の最期は、市民の要望を受けて和睦の交渉に向かった地マケドニアで殺害される（前三一九年）というなんとも理不尽な死であった。

ちなみにデマデスが生前相当の道楽者であったことは、ヒュペレイデスと好一対であったらしく、後二世紀の作家による以下の引用で、その遊蕩児ぶりが後世にまで伝えられている。

「今や人気の弁論家であるデモステネスとデマデスの二人が、いかに違う生き方をしているかを諸君は見ることができるわけだ。一方は水を飲んで夜の間に思いを巡らしているということだが、もう一方は女郎にうつつを抜かして、来る日も来る日も酔いつぶれ、それで腹が出っ張って、集会ではわれわれに向かって喚き散らしている」（Ath. 44f）

引用中の「水を飲む人」は、対マケドニア使節からの帰国報告の折（前三四六年の民会、108頁参照）、水を飲むデモステネスとワインを飲むピロクラテスでは、物の見方が違っても不思議ではないとからかわれた一件以来、人々がデモステネスの綽名のように口にした冗談である。上の引用文でも対にされているように、デマデスは後世にもデモステネスとの関連もしくは対比で言及されることが多い（親戚であったという説もある（Di. *I* 101））。演壇に立ったデモステネスが聴衆に騒ぎ立てられて困惑していたとき、デマデスが即席に応援演説をして助けたことが幾度かあったという（Plu. *Dem.* 8. 5）。彼が即興演説に優れていたことは、前にも触れた。二人について問われた人によると、デモステネスは「この国にふさわしい」弁論家であるのに対して、デマデスは「この国に過ぎた」（Plu. *Dem.* 10. 1）弁論家だそうである。

マケドニア寄りの政治姿勢を保持したデマデスと、反マケドニアの闘士デモステネスがどのように付き合ったかは想定がむずかしいが、ひそかに若年のマケドニア王アレクサンドロスを見下す気持ちをデモステネスは発酵させつつも、蠢動する謀反勢力に加わる気配は見せなかった。「口ではアレクサンドロスと戦争をするつもりだと言いながら」と、アイスキネスはデモステネスのどっちつかずの態度を非難している。「デモステネスが……自分で言っているとおりアレクサンドロスと戦争をするつもりだったなら、彼には絶好の機会が三度あったのですが、そのどれ一つをも使わなかったことが露見したのですから」（Aes. *III*. 163）（前三三〇年）。

第9章……晩節を汚す

1　ハルパロス事件――アジアからの闖入者

　そうした不透明な空気の中に、とんでもない事件が舞い込んできた。バビュロンに残って公金管理を預かっていたアレクサンドロス三世の財務官ハルパロスが、前三二四年六月、五〇〇〇タラントンを拐帯《かいたい》し、傭兵六〇〇〇人、軍船三〇隻を引き連れてアッティカ南端スニオン沖に姿を現わしたのである。彼はアレクサンドロスの少年時代からの親友で、側近中の側近として王の信頼もことのほか厚かったが、東進に留まるところを知らないアレクサンドロスに、もはや帰還はあるまいと思ったのか、次第に放蕩三昧に耽り、戦利品のペルシア帝国国庫を含む莫大な軍資金を派手に遊興に使うようになった。娼婦を次々に囲い、女王の冠を被らせて属僚たちに東方風の跪拝の礼を取らせ、愛妾が死ぬと豪奢な廟を建ててやるなど、放埓をきわめて散財に明け暮れていた。しかしアレクサンドロスが前三二五年西帰の途についた（Arr. *An.* 6. 21. 3）ことを知って、慌てた。彼は懲罰を恐れて、アテナイに逃げてきたのである。

アテナイでその年ペイライエウスのムニキア港に配置された将軍は、ピロクレスであった（将軍たちは重装歩兵軍担当一名、シュンモリアー担当一名などと、軍事万般を分担管轄したが、田園部担当、ペイライエウス港担当等地域管理の任務も分担し受け持った（Arist. *Ath. Pol.* 61. 1））。ハルパロスの入港請願を受けたピロクレスは、政務審議会に報告、民会が開かれ、受入可否を票決する運びとなった。デモステネスはさっそく反対動議を出し（Ps.-Plu. *Mor.* 846B）、これに従って民会は受入を拒否。するとハルパロスは兵士と軍船を伴い、ペロポネソス南端のタイナロンに逃れた。

ハルパロスの行動は、反マケドニアの空気がいまだアテナイに濃厚だと読んだためであろう。街の賑わいはあくまでマケドニアの支配の下での平和に過ぎず、あれだけ「自主独立」を誇っていたアテナイ市民が、そう簡単に他国人の支配に甘んじるとは思えない、大部分の市民が心中はなはだ面白からぬ思いでいるはずだ、と考えたようである。これだけの金銭と傭兵をもって誘いをかければ、ただちに自分の対アレクサンドロス謀反は成ると算段したに違いない。

東征途上のアレクサンドロス

デモステネスが反対動議を出した背景には、なお複雑な事情があった。ハルパロスの逃亡事件を少し遡るが、東進途上のアレクサンドロスがペルシアに対して採った宥和策の一つに、征服地の属領長官（サトラップ）重用があった。旧来の体制を柔軟に利用温存したのである。ところがペルシア民族復権の願望をひそかに抱く属領長官は少数にとどまらなかったため、彼らの動きが表面化しかけた時点で、アレクサンドロスはただちに「私兵解散令」を発布してその潜在兵力を殺いだ（前三二五年）。マケドニアの支配下にある正規軍以外のいかなる私兵をもすべて解散させよ、という王令である。当時ここかしこに溢れていた傭兵予備軍は、反乱蜂起を企てる者の豊富な戦力供給源となっていた。また属領長官たちのなかには、アレクサンドロスの生還を疑い、はなはだしい綱紀紊乱に堕していた者も数多く、前三二四年春、アレクサンドロスはこれら征服地の行政官たちに対しても、峻烈な大粛清を断行した。

亡命者帰国王令

次いで同年夏アレクサンドロスは、ギリシア諸国に宛てて「亡命者帰国王令」を発した。政争や経済的没落によって故国を離れていた者らを、一挙に帰国させよと命じたのである（Hyp. V. fr.4, 18; Diod. 18. 8. 2）。王令に従わないポリスには、これを強制する権限、すなわち軍事的懲罰を与える権限を、王不在中のギリシアを預けた重臣アンティパトロスに与えるというものであった（Diod. 18. 8. 4）。ギリシア諸国にとっては震天動地の衝撃である。王令が実質的にもたらす混乱は、どのポリスにとっても社会秩序の崩壊を招きかねず、外交的にも国家間の軋轢は必至である。暗殺される直前のピリッポスに、アテナイは謀反人の無条件引き渡しの権利を与えており（Diod. 16. 92. 2）、それをアレクサンドロスが継承していたアテナイの場合、おびただしい数のアテナイ人傭兵がどっと舞い戻ってくるではないか。それだけではない。サモス島をサモス人に返還せねばならない。これはとりわけ深刻な問題となった。サモス島は、前三六五年にアテナイが支配下に置いて住民を追い出し、続いて、他国から非難を浴びながらも、何度かアテナ市民を入植させたエーゲ海東岸の島である（79頁参照）。カイロネイア戦敗北後もなんとか取り上げられずにアテナイの領地であり続けていた。デモステネスの妻の家系がサモス島と何らかの繋がりを持つらしいことは上に述べた（79頁参照）。その重要なサモス島を、王令に従えばサモスの原住民に返還せねばならない。まさに国の死活問題であった。デモステネスは血が逆流するのを覚えながら、ふたたび祖国救済に立った。アレクサンドロスの即位後からすでに十数年、彼は叛意をくすぶらせつつも、慎重な、というより曖昧な態度を取ってきた自分と、反マケドニアの同志との距離が広がるのを自覚していた矢先に、そうはしていられない緊急事に見舞われたのである。

とにかく大量の傭兵と軍資金を携えてきたハルパロスの来航は、急進的反マケドニア派に千載一遇の好機と思わせたに違いない。発言力を増すヒュペレイデスなどは、来るべき対アレクサンドロス蜂起に役立つと考えて、強硬にハルパロス受け入れを主張した。しかし軽挙妄動を諫《いさ》めるデモステネスの反対動議が、いったんは受け入れに傾いた民会を制した。反対動議の正確な内容は知られないが、デモステネスは、受け入れればただちにアレクサンドロスの襲撃を受けるだろうと説いたとも推測される。

いずれにせよ入港を拒否されたハルパロスは、上述のようにペロポネソス南端のタイナロンに引き揚げた。タイナロンは傭兵の集結場所として知られる地である。「私兵解散令」で属領長官たちのもとから解散させられた多数のギリシア人傭兵が、次の就職口を求めて流れ込んできており、失職中の傭兵にとって、ハルパロスは願ってもない雇用主であったろう。

ひとまず軍船と兵士をタイナロンに移したハルパロスは、半月ほどのちに、わずかな軍船と資金の一部を携えてふたたびペイライエウス港に現われ、今回は嘆願者としてアテナイ入国を懇願した。礼式に則って庇護を求める嘆願者をむげに拒絶することは神意にもとるという、古代社会の宗教的慣習を当てにしたハルパロスの行動である。アテナイ民会は入国を許可した。ハルパロスが先年飢饉の折(前三三〇年—三二六年)、大量の穀物をアテナイに寄付した善行に対して市民権を贈っていたことも(Ath. 586d, 596a-b)、懇請受入の理由となった。時を置かずマケドニア側から、ハルパロスの身柄引き渡しを要求する使節が来着した。要請は単に支配国マケドニアの圧力というだけでなく、正式な法的根拠も有していた。例の「コリントス同盟」の盟主に楯突く者を成敗することは、同盟加入国の義務とされていたからである。同盟盟主はアレクサンドロスであった。

「王令」により世情混沌とするなか、すぐにもハルパロスをアテナイにとどめて蜂起に利用しようと意気込むヒュペレイデスらと、送還を拒否してアレクサンドロスに逆らうのは得策ではないと主張するデモステネスは激しく言い争った。けっきょく民会はデモステネスの動議に従って、ハルパロスをいったん拘留し、その所持金をアクロポリスに保管し、その上でアレクサンドロス自身の意向を聞くための使節を派遣することを決議した。

所持金はいくらかと問うたデモステネスに、ハルパロスは「七〇〇タラントン」と答えた。嘘を言っているとしても、そんな大金をアクロポリスに運ぶには、複数の運搬人が必要である。その係員を選び、指示を徹底させるのにデモステネスは一昼夜を費やした。その間しばし七〇〇タラントンは見張りの責務を負う者のないままの状態に置かれた。これがデモステネス千慮の一失であった。

折しも「亡命者帰国王令」を公布するために、アレクサンドロスの特使ニカノルが第一一四回オリュンピア祭典（前三二四年七月三十一日〜八月四日）の会場に来るという情報が入った。デモステネスは特使ニカノルと話し合うため、オリュンピア祭への祭礼使節の名目で使節団派遣を提案し、みずから使節団長としてオリュンピアに赴いた（Hyp. Ⅳ. fr. 4. 8; Diod.. 18. 8. 2; Di *I* 81-82）。マケドニアにとっていまや不快きわまるハルパロスの存在を、デモステネスは「亡命者帰国王令」をめぐる交渉（サモス島問題）へのカードにするつもりだったのかもしれない。ニカノルとどのような話し合いを持ったのかは知られないが、アテナイとしては、サモス島返還と、当時隣国メガラに多くいた亡命者の帰国の猶予を取り付けることが必須の課題であったため、その折衝にハルパロス・カードが切り札になりえたという解釈がある。

アレクサンドロス神格化令？

ところでこの時期、もう一つの厄介事が、ギリシア世界を悩ませていた。「アレクサンドロス神格化」問題である。相次ぐ王令が波紋を拡げるなか、今度はアレクサンドロスを神として祀れ、という指令が届いたのである（Ath. 537f）。ただしこれがアレクサンドロス自身の口から出た勅命《ちょくめい》であったのか、周囲の者の忖度から出た指示であったのかは、じつのところはっきりしない。たしかにアレクサンドロスはペルシア遠征に向かう途上、エジプトを無血占領し（前三三二年冬）、ほぼ半年に及んだ滞在中に、遠くリビア砂漠のシウァ・オアシスにあるアモン神殿を訪れ、自分が「神の子」であるという託宣をみずから得ていた。しかし伝統的に「不死なる」神と「死すべき」人間を峻別したギリシア的思考に照らし合わせると、たとえアレクサンドロスといえども、その神格化を受け入れることはギリシア人には論外であった。

ところが信じがたいことが起こった。オリュンピアに赴いてニカノルと話し合ったデモステネスが、帰国後の民会報告で、アレクサンドロスの神格化令を受け入れるよう提案したのである。満場呆気にとられ、騒ぎで収拾のつかなくなりかねない民会の様子を眺め渡して、例のデマデスは、「アテナイ人は天空の事にかかずらうあまり、地上の事が見えなくなっている」と茶化《ちゃか》したと伝えられる（Maxim.

7. 2. 13)。神格化令を拒絶すれば、サモス島を失う、の意である。つまるところ民会はデモステネスの提言に従って、アレクサンドロスを神として祀ることを決議した。民会場でデモステネスが真面目な口調で、「そう望むなら、アレクサンドロスはゼウスの子でも、ポセイドンの子でもありうる」(Hyp. V. fr. 7. 31) と肯定を含意して言った可能性は否定できない。ただしこの発言は政敵が断片的に引用したものなので、「ゼウスの子だろうと、ポセイドンの子だろうと、好きなようにさせたらいいじゃないか」という冷やかしだったかもしれない。だとすれば、小童《こわっぱ》アレクサンドロスに対する屈折したデモステネスの感情が透けて見えるようである。またデモステネス一流の機略で神格化容認を装ったあてこすりと取る解釈もある。さらにそのころ、ハルパロス事件で不穏な動きの見られたアテナイに、アレクサンドロスが大艦隊を向かわせるという噂が流れたため、それが事実となった場合を慮って打った芝居だったと見る向きもある。

ハルパロス逃亡

日を置かず、拘留されていたハルパロスが逃亡した。(彼はタイナロン経由でクレタ島に逃れ、その地で部下に殺されたという (Diod. 17. 108. 8))。街中その話でもちきりになったなか、拘留時に没収してアクロポリスに保管してあったはずのハルパロスの持ち金《もちがね》七〇〇タラントンを調べたところ、三五〇タラントンしかなかった (Hyp. V. fr.3. 10)。ただちに政治家の収賄容疑がかしましく取り沙汰された。

「誰に、どこで、いつの間に？」去る六月の来航時に入国を許されなかったハルパロスが、二度目の請願で入国を許可されたということは、要人たちに賄賂を贈ったからにほかならないではないか。騒然たる収賄容疑追及の最初に槍玉にあげられたのはデモステネスである（Plu. *Dem.* 25. 4）。ハルパロスの処遇、所持金の扱いなどに率先して提言・行動したのはデモステネスだったからである。アレクサンドロスの神格化是認という信じられないような豹変は、デモステネスへの嫌疑をいっそう否定しがたくした。

俄然力を得たのは、この時期デモステネスと袂を分かっていたヒュペレイデスら反マケドニア強硬派である。ヒュペレイデスはデモステネス告発の尖兵として立った。むろん彼らも政治家として受ける一般市民の猜疑のまなざしを簡単には振り払えないが、そこは時の勢い次第である。ヒュペレイデスは以前は反マケドニア運動で、デモステネスの右腕と頼まれて戦っており、デモステネスへの授冠提案をして、違法提案で訴えられたが無罪放免されたという前歴さえある（Ps.-Plu. *Mor.*848F）。しかし近年、デモステネスがアレクサンドロスに「すり寄っている」のを苦々しく思っていたところ、ハルパロス逃亡は、ヒュペレイデスを熾烈なデモステネス糾弾に走らせる契機となった。思い返せば、デモステネスとの連携を鮮明にした頃から、こうして彼との対決に立場を変える前三二四年（デモステネス訴追）まで、一〇年余の年月を共にしたことになる。その後国際情勢の変転に応じて二人は政治的立場を入れ替え、デモステネスは〝軟化〟し、ヒュペレイデスは〝硬化〟した。少なくとも三度あった対アレクサンドロス蜂起の機会をすべて見送った（179頁参照）デモステネスに対し、ヒュペレイデスは「民衆のためにと称して、明らかにアレクサンドロスのために弁じている……おお、なんという変わりよう！」（Hyp. V. fr. 4. 19）と面罵しさえした。ハルパロスがらみの三五〇タラントン消失事件後のヒュペレイデスは、みじんのためらいもなくデモステネスの収賄告発に奔走する。

デモステネスは汚名をそそげるか？

一方、収賄容疑を受けたデモステネスは民会決議案を上程し、ハルパロス所持金の保管に関するアレイオス・パゴス審議会による調査（アポパシス）を提案した（Di. I. 1）。アレイオス・パゴス審議会についてはすでに触れたが（128頁参照）、前四六二／六一年のエピアルテスの改革によって政治的実権を失ってからも、有意殺人・傷害ならびにある種の不敬罪等重罪の裁判機関として、その権威はなお揺るがず、阿諛追従の徒を寄せ付けない威厳がある。デモステネスは、先述の市民資格一斉点検（前三四六年、127頁参照）でアンティポンなる男を市民権剥奪に処した折、アレイオス・パゴス審議会に独自の調査権を認め、調査報告書（アポパシス）提示の権限を与える民会決議案を上程・可決に至らしめたことがある（Dem. XVIII. 133）。アレイオス・パゴス審議会におおいに歓迎されたこの決議は、めざましい政界進出を遂げつつあった当時のデモステネス自身にとって、特筆すべき事績であった。ただアレイオス・パゴス審議会による調査結果の報告そのものは法的拘束力を持たず、今回の一件に関してもいわば予審判決のかたちで民衆法廷の裁判を促し、判定手続きの開始を勧告するにとどまる。アレイオス・パゴス審議会による調査の提案と同時に、デモステネスは告訴に逸る民会出席者たちに、「催告（プロクレシス）」をもって挑戦した（Hyp. V. fr. 2; Di. I. 5）。「催告」とは、「証拠提示要求」「正式宣誓要求」などとも呼ばれ、この場合、収賄したと申し立てるからには、その証拠あるいは告訴の正しさを保証するものを誓いとともに提出せよと要求する手続きである。デモステネスはこの要求の文言に加えて、自分の潔白が証明されなければ、「死刑を宣告されても構わない」という一句を追記していた（Di. III. 2）。それによって潔白は一点の曇りもなく証明され、自分への容疑追及がいかに無益であるかが、疑いの余地なく示されるであろう。彼は絶対的潔白を表明し、正義われにありと揚言したのである。あらぬ疑いは簡単に拭えるという確信とともに、アレイオス・パゴス審議会が自分に不利な報告を出すはずはないという強固な自信をデモステネスは持っていた。収賄容疑者の一人として名指しされているわが身を、アレイオス・パゴス審議会が徹底的に検査することをむしろ歓迎したのである。上述のアンティポンの一件（前三四六年以後）、さらにデロス島問題で、アイスキネスを同審議会が解任した一件（前三四三年、128頁参照）では、自分の働きかけがみごとに功を奏したとデモステネスは自負していた。そのアレイオス・パゴス審議会が否定的な見解を出して、自分を貶めるはずはないではないか。

何を手間取ったのか、アレイオス・パゴス審議会は二、三カ月経っても調査報告書を出さない。その間噂は収まるどころか、尾鰭を付けて拡がり、喜劇の格好のネタとなって舞台でからかわれた（前三二三年一月のレナイア祭か）。

A　デモステネは五〇タラントンを貰ったぞ。
B　誰にも分けてやらなければ、幸せ者だ。
A　モイロクレスも大枚の金貨を受け取った。
B　渡した奴は愚か者、貰った者は果報者。
A　デモンもカリステネスも受け取った。
B　貧乏人だったから、まあ大目に見てやろう。
A　弁論の雄、ヒュペレイデスも貰った。
B　あの人は我々魚屋を金持ちにしてくれるだろう、
鷗《かもめ》をシュリア人にしてしまうほどの魚食いだから。
（Tim. Delos = Ath. 341f-342a）

この喜劇断片は、民主社会の庶民感情を端的に表わしている。収賄の告発者であったヒュペレイデスが、断りもなく収賄者側に入れられている。民衆は、金銭スキャンダルやその類いの噂が三度の飯《めし》より好きである。ふだんは政治に無関心で、民会へも気が向かないかぎり出向かないという連中が、たちまち憂国の士気取りで、事件の追及や論評に精を出す。常時なにかと目立つ有力政治家に、事実かどうかはお構いなしに〝賄賂取り〟のレッテルを貼って、十把ひとからげに彼らを断罪するのが彼ら〝市民の務め〟である。さきに述べたとおり、ヒュペレイデスは雄弁ではデモステネスに勝るとも劣らぬ評判を誇っていたが、大酒飲みでばくち好き、遊女狂いのあまり家から息子を追い出して、アテナイで一番花代の高い売れっ女《こ》を連れ込んだだの、ほかにも娼婦を囲ってそれぞれを持ち家三カ所に住まわせているだのと、ヒュペレイデスにまつわる噂の種は尽きなかった。

彼はまた魚には目がない美食家で、上記の「魚屋を金持ち」云々は、ヒュペレイデスが魚を大金で買い占めて、魚屋を金持ちにしてくれるのはいいが、好物の魚を食えなくなった鷗《かもめ》が、肉と魚をタブーとするシュリア人みたいになっている、という冗談である。

デモステネス有罪

さて、延びに延びたアレイオス・パゴス審議会の回答が出されたのは、調査開始から半年後の前三二三年三月である（Di. *1*. 45）。調査報告書は収賄者九名の名と、それぞれの収賄額を挙げていたが、証拠は併記されていなかった。デモステネス（二〇タラントン）、デマデス（六〇〇〇スタテール＝約二〇タラントン）、ピロクレス（おそらく一五タラントン）、アリストゲイトン（二〇ムナ）、カリクレス（将軍ポキオンの娘婿）、アリストニコス、ハグノニデス、ポリュエウクトス、ケピソポンの九名である。デモステネスは激しく脳天を打たれた。憤りに身を震わせたのは、報告が九人の名とそれぞれの収賄額だけを記して、証拠を挙げていないからである。だがそれよりなにより、自分に不利な回答を出すはずがないと信じて疑わなかったアレイオス・パゴス審議会が、まさかの有罪判定を勧説《かんぜい》したことである。かつてアンティポンの放火未遂や、デロス島のアポロン神殿問題にかかわって、アレイオス・パゴス審議会に調査権と調査報告書提示の権限を与える民会決議案を上程したのはデモステネスではなかったか?! 往昔の権威を失っていたアレイオス・パゴス審議会の復権に、そこまで尽くしたデモステネスのはたらきはいったい何だったのか! ではアレイオス・パゴス審議会さえもが、アレクサンドロスのご機嫌をとるために、アテナイ政界への影響力のなお衰えぬデモステネスを有罪人にしようというのか?!

デモステネスは再度催告（プロクレシス。証拠提示要求）を、今度はアレイオス・パゴス審議会に対して行った。最終判定を出す民衆法廷の裁判に先立って、アレイオス・パゴス審議会が有罪判定を薦める理由の証拠提出を要求したのである。しかし無駄骨だった。アレイオス・パゴス審議会の回答はないまま、三月中旬に調査報告に書かれた九人を被告とする前代未聞の大疑獄裁判が始まった。五〇一人の裁判員団から成る通常の公訴法廷が拡大されて裁判員席一五〇〇が埋められたという（Di. *I*. 107）。

九人の被告中最初に審理されたデモステネスへの原告たちの攻撃は苛烈を極めた。一〇名の国選（民会選）の原告のうち、現存する『デモステネス弾劾』の代作者デイナルコスは、カイロネイア戦までの「輝かしい」政歴を誇り、それ以後を金銭に清廉潔白な愛国者と自称するデモステネスが、じっさいは生涯収賄まみれでポリスに凶運をもたらした、そのうえ政界で派手にふるまいながら有用な功績を何ら残さなかった等、数々の罪名を挙げて指弾、またあれほど敵視していたアレクサンドロスに、いまなんとこびへつらっていることかと徹底的に責めた（Di. *I*. 30-33, 96, 103）。ヒュペレイデスの原告弁論『デモステネス弾劾』も断片的ではあるが現存し、デモステネスが近年魂を売って、アレクサンドロスへのごますり男に堕したと斬り捨てる。デモステネスの変わり身の早さを祖国への裏切りと断じつつ、それにひきかえ瞬時もたわむことのなかったわが志《こころざし》が、いまこそ満を持してマケドニア軍を迎え撃つだろうと、強烈な戦意をも隠さない。

これら二編の現存告発弁論のいずれにおいても、アレイオス・パゴス審議会の調査報告書は信頼すべき公文書と前提され、疑念を挟む余地はないものとされているのに対し、デモステネスの無節操は生まれつきの人格的欠陥ととらえられている。好機というべきアレクサンドロスへの謀反に、何度か動くかの態度を見せながら、あげくに傍観に転じたことをもって、救いようのない変節漢と決めつけている。

けっきょくデモステネスへの民衆法廷の判決は有罪、五〇タラントンの罰金、支払いまでの監獄入りの宣告であった。デモステネスは「お家《うち》」と俗称される街はずれの獄舎に囚人として収監された。夜の冷えは厳しかった。屋根を貫いて降りてくる寒気と冷えた地面から立ち上ってくる寒気とで震えが止まらない。寝ていて腹の底から噴き出しそうになる叫び声を辛うじて抑えた。もともと丈夫ではない体に牢獄の生活は苛酷すぎた。さらに屈辱を極めたのは、足枷である。刑務役人は収監した囚人に足枷を嵌める義務を負い、それを怠ると罰されることがあった。もし囚人が逃亡すれば、拘留中鎖につないでおいてさえ、監視が不行き届きであったと見なされ、刑務役人は法規により死刑になりえた（Isae. *IV*. 28）。（もっともその実効性は疑われており、現実にはそこに金銭が介在し、逃亡を見逃す所轄役人もいたという。公正公平であるべき法治社会において、カネと権力に抗えぬ現実があったことは否めない。）

それにしても足枷とは！　デモステネスは俘虜の身となった自分に、激しい羞恥を感じたという。民主政アテナイへの矜持に生きた人間の、これが成れの果てか！天も裂けよと、彼は心中激しく慟哭した。身体の自由を奪われるという苦痛もさることながら、足枷とはまさに人間性の全否定でなくて何であろう。こうして無罪と有罪、くっきりと明暗の分かれた収賄容疑者たちの上に、冷気の去らぬ春半ば、空の青はあざやかであった。

デモステネス亡命

時を置かず、デモステネスは脱獄した。脱獄は珍しいことではなかった（Pl. *Cri*. 44c-46a）。この時点から、デモステネスの二年にわたる亡命生活が始まる。彼がアテナイを去るとき、市街地のはずれまで数人の市民が追いかけてきて、路銀を受け取ってくれと声をかけた。見ると政敵側の男たちである。

さらに、元気を出して、今回の事件は気にしないように、と励ましてくれた。デモステネスは涙に咽んで答えたという、

「ほかのポリスでは友人として容易に見出せないような人物たちを、政敵として持つことのできるポリスを後にする私だ、どうして悲しまずにいられようか」（*Plu. Dem.* 26. 3）

デモステネスが去ったあと、もっぱら時流を制したヒュペレイデスの掛け声は高く、アテナイ政界は好戦的な空気を濃くしていった。

デモステネスは収賄したのか？

ところでデモステネスは収賄したのか？　彼は政治家としてデビューして以来、終始自分がいかに金銭に清廉潔白であるかを訴え、収賄の嫌疑が自分に向けられることをあらゆる手段でふせごうとしてきた。しかしながらアテナイにおける政治権益の動態を見れば、「廉潔の士」デモステネスといえども、贈収賄の圏外に身を置くことはむずかしかったのではないかと想像される。

ある研究者によると、デモステネスの〝収賄事歴〟は少なくとも三回数えられるとのことである。

第一は私的な係争で生じる賄賂で、上に触れたメイディアスによる殴打事件がその一例とされる。ディオニュソス劇場の大観衆の面前で拳骨を喰らったという屈辱に報復すべく告発弁論を作成（『メイ

ディアス弾劾』（前三四七／四六年、三十七／八歳頃）し、民会のメイディアスへの有罪判決勧説《かんぜい》のプロボレー（予備挙手採決）を経ていたにもかかわらず、けっきょくデモステネスはこの訴訟を「三〇ムナで売った」（Aes. *III*. 52; Plu. Dem. 12.1）と政敵は言う。また反対に戦列放棄の嫌疑やエウボイア出兵動議にかこつけて、メイディアスがデモステネスを訴えようとしたこと等に（Dem. *V*. 5）金銭の動きがあったとすれば、陰に陽に市民生活にまとわりついていた贈収賄に、デモステネスも無縁ではなかったと想像される。

第二に、民会や政務審議会での議案上程をはじめ、政務にかかわる収賄である。民会提案に動議料は不要であったが、デモステネスは「民会ごとに法案を上程・改変するのに三タラントン受け取った」と政敵に責められているが（Di. I. 43）、どこまで信じてよいものか。立像建立、党派的動機による公費饗応、交易商や銀行家ら裕福な居留外国人への市民権付与等、デモステネスの活発な政治活動にことよせて、政敵があげつらう〝袖の下〟は少なくない（Di. I. 43-46）。

前述の三段櫂船奉仕納税班「三百人」への改革をデモステネスが提議したときには（前三四〇年、145頁参照）、改正案で不利益を被る富裕者たちが「口にするのも憚られる」ほどの金を積んで、案件上程を阻止しようとしたと、デモステネスは提供された買収金にみずから言及している。むろん自分は「裏取引をはねつけた」「告発されても当然のことながら無罪であった」と胸を張るが（Dem. *XVIII*. 103, 107）、類似の事例はなかったのかどうか。また基本的に無償であった公職の、職務遂行のために給付される経費をめぐって、不正や利権の悪用が後を絶たなかったのは事実であろう。たとえば三段櫂船奉仕役に指名された富裕市民に、船舶および船具を手渡す公職者（おそらく船渠管理官）が、民会決議によって指定された負担額に上乗せしたご祝儀金（三段櫂船奉仕役に選ばれたという名誉ゆえ）を出させて懐に収める事例が蔓延していた（Isoc. XII. 145; XV. 145）。

研究者の挙げるデモステネスの三つ目の賂《まいない》は、職権を利用して国政に長期的な影響力を揮いたいという欲望によるものだという。さきにも触れたが、ピリッポス暗殺を知ったペルシア大王ダレイオス三世は、マケドニアへの謀反を促してギリシア諸ポリスに金を贈った。しかしアテナイは受け取らなかった（162頁参照）。蜂起も見送った。このときデモステネスが、謀反したテバイ支持に立つかと見えたが、途中で静観に転じたのは事実である。それゆえか後日、その金がデモステネスの手に渡った、「ペルシア王からの金三〇〇タラントンが彼の浪費をまかなっているのはたしか」「大部分を個人的用途に使った」としつこく政敵はあげつらうが（Hyp. V. fr. 4. 17; Aes. III. 156, 173; Diod. 17. 4. 8）、事実はどうであったか？　総じて好意的にデモステネスを描いている伝記作家プルタルコスも、彼はピリッポスやマケドニアからは収賄しなかったが、ペルシアの金に対しては完全に堅固ではなかったと記している（Plu. *Dem.* 14. 2）。

ハルパロス事件における三五〇タラントンの行方については、いつの時点でか、デモステネスが洩らした弁疏の言葉が伝えられる。たしかに受け取ったが、それは利己的目的のためではなく、観劇基金の足しにするために結んだ賃貸契約に使った、だから公共のためであり、金子はしかるべきときに返済されるであろう（Hyp.*V*. fr. 3. 13）。しかしこの発言をあとになってひっこめたのか、経緯は不明ながら結果的にデモステネスの収賄額はアレイオス・パゴス審議会が報告した二〇タラントンということになった。研究者によっては、すでにアレクサンドロスに叛旗をひるがえす機運が熟しつつあったこの時期、タイナロンにあふれる傭兵群を待機させておく資金として提供したのではないかと見る向きもある。

それはそれとして、前四世紀初頭に成った民主政復活のための法改正では、公職者の収賄に対する厳格な禁止条項が含まれていた（117および134頁参照）。しかし古代社会に広く浸透した贈答文化は、ギリシアにおいても根強く生き残り、法の命じる厳格な処罰法が歯止めになった一方で、この種の行為に寛容な精神も簡単には消えなかったと考えられる。いわゆる互酬文化が良くも悪くも生き続け、「よき贈り物には、お返しがくるもの」（Dem. *Ep*. 5. 5）といわれたアテナイの政治・社交空間で、ひとり金銭に淡泊に孤高を貫くことは容易ではなかったであろう。有力政治家であればあるほど、その身の周りには贈収賄のにおいが芬々《ふんぷん》としていたと想像される。

デモステネス、亡命地から書簡を送る

さてデモステネスの亡命生活に話を戻すと、最初に向かったのは、ペロポネソス半島東部のアテナ

イ対岸に位置するポリス、トロイゼンであった。しかし当時トロイゼンは寡頭派が政権を握っていたので、寡頭政治を忌み嫌うデモステネスはアイギナ島に移った。その地から望見できるアテナイの山並みを眺めやっては、あふれる望郷の思いに涙を流したと伝えられる。彼は亡命先からアテナイの政務審議会と民会に宛てて頻繁に書簡を送った。そのうち、六編が現存し、少なくとも四編が真筆とされる。

ここでは時系列的に最初に来る第三書簡だけを取り上げよう。後世の書写生か作品編纂者が『リュクルゴスの子らについて』という題名を付けた書簡がそれである。先述の政治家リュクルゴスの遺児たちが、政敵の卑劣な工作により、アテナイで不当きわまる扱いを受けていると聞き知って書かれた糾弾の書簡である。敗戦に打ちひしがれた祖国を、速やかに果断に復興させたリュクルゴスの功績は、いかなる賛辞と敬意をもってしても及ばぬほど偉大なものであり、そのリュクルゴス亡き後（前三二四年）、遺児たちに最高の礼をつくすのが市民の務めでありわがポリスの伝統であるにもかかわらず、彼らを父親のありもしない罪科（おそらく公金横領、罰金未払いとの誹謗）ゆえに投獄し、足枷をはめるとは、何たる恥知らず。この忘恩の行いゆえに、アテナイがいかに他国の軽蔑を買っているか、政務審議会および民会はその罪科の大きさを悟って猛省し、遺児たちへの非道な扱いを償うべきである。

民会や政務審議会宛ての公的書簡であることを慮って一定の礼節を保っているものの、語気鋭く詰め寄る筆致は、終生議場で、法廷で、放ってきた激越な弁論を彷彿とさせる。生前反マケドニア派であったリュクルゴスその人には、同志として好意的に接していたところ、カイロネイア戦敗北の因を彼はデモステネスの失政に帰さず、指揮官の一人であった将軍リュシクレスの軍略の誤りとして彼を訴追、「わが国の恥と屈辱の生きた記念碑」と峻烈な言葉で断罪した（Diod. 16. 88. 1-2）。

書簡末尾では、自分（デモステネス）を有罪とし、「告発屋」のあだ名で知られる被告アリストゲイトンを無罪放免としたハルパロス裁判に触れずには済まない。悪名高いアリストゲイトンは民主政治の破壊者であるのに、民会はいったいいかなる論理によってこの罪人を放免し、無実の者（デモステネス）に罪を負わせるのか。これこそ民主政アテナイの威信にかかわる愚挙ではないか。権威あるアレイオス・パゴス審議会は、いったい何をもって忠誠この上ない市民（デモステネス）を犯罪者扱いするのか。それはアレイオス・パゴス審議会の「驚くべき想像力と手配り」をもってであろうと皮肉りながら、行間からは、悲痛な呻きに身もだえするデモステネスの姿が浮き彫りになる。

2　終わりをみよ

世情不穏

「人はその最期の時を超えるまでは、誰をも幸福とは呼べない」とは有名なソポクレスの悲劇『オイディプス王』の末尾でコーラスが歌う言葉である。

デモステネスの亡命中に、すでにリュクルゴスの三人の子は民会決議により釈放され、そのうち一人は要職についていた。デモステネスの『第三書簡』が釈放に寄与したという伝えが正しければ（Ps.-Plu. *Mor.* 842E）、そうした反響に自信を取り戻したのか、次の書簡では、自分自身の復権・帰国を正面から取り上げ、毅然とした態度で再審理を要求している。

「あとから審判にかけられた人たちが、それをもって有罪を免れた正義の弁明の、いったいどれが私の行った弁明に欠けていたでしょうか？」（Dem. *Ep.* 2. 15）

一般に同じ罪状で複数の容疑者が裁かれるとき、最初に審判される容疑者は不利であった（Lys. XIX. 6）。ハルパロス裁判で少なくとも九人が罪を問われたが、デモステネスは、一番に審理にかけられたことに憤激を抑えられない。またともに有罪となり、同じく亡命していた将軍ピロクレスが、すでにアテナイに呼び戻されたのか、ペイライエウスでの見習い兵監督官に就任したという知らせにも、いたずらに日を過ごしてはいられないとの思いを募らせたであろう。

しかしアテナイ社会の気流は、彼の不在中に激変していた。アレクサンドロスの生存中から武装蜂起をもくろむ一団が蠢動しつつあり、その首領格は、いまやアテナイ政界を牛耳るヒュペレイデスであったことは上に述べたとおりである。彼は将軍レオステネスに対マケドニア挙兵の正式な認可を与え、国軍編成を命じる条件を整えたが、それまでひそかに準備を進めていた間も、かつての僚友デモステネスに、風見鶏体質と厳しい非難を浴びせ続けていた。ハルパロスの身柄についてアレクサンドロスのご機嫌を伺ったり、ハルパロス持参の大金の返還に言及したり、まさかのアレクサンドロス神格化提案に及んでは、たとえ政略的意図によるのだろうと譲っても、ヒュペレイデスとしてはどうしても赦せなかったのである。

彼にはほかにも排斥すべき邪魔者がいた。前四世紀前半から続くアテナイの帝国化路線に常に警鐘を鳴らしてきた弁論家イソクラテスは、カイロネイア戦終結の四日後に九〇年の生涯を閉じていたが、彼の思想的影響を強く受けた知識層の潜在勢力は軽視できなかった。まして軍事・外交の緊急時といえば頼みにされ、カイロネイア戦後の講和締結にも奔走した政治家デマデスや将軍ポキオンへの民衆の支持は、厄介な障碍物として立ちはだかる。「善き人」と尊称されるポキオンは、戦場では傑出した指揮官、卓絶した戦士でありながら、平和を唱えマケドニアとの協調を説くという、反マケドニア派にとってはまことに扱いにくい存在である。そこへ来ると「デマデスの和約」に名を与えたデマデスは、ハルパロス裁判で六〇〇〇スタテール＝約二〇タラントンの収賄の罪を着せられながら、自分は賄《まいない》に甘いたちだから今後もやめないだろうと民会でうそぶいたり（Di. I. 104）、上記のような破天荒な遊蕩ぶりで巷の話題に上ることが多かったためか、彼の掲げるマケドニアとの宥和は、市民に一定の支持を得ていた。彼ら協調派寄りの政治家たちと、急速に過激化するヒュペレイデスやレオステネスら反乱予備軍との衝突は頻繁に見られ、政界には一触即発の気配さえ漂っていた（Plu. *Phoc.* 23. 1, 24. 1-2; Diod. 17. 111. 1-3）。そうした軋轢の背後にはいよいよ深刻さを増す社会不安がある。富める者は戦時財産税を払わされるため相も変わらず消極的であるのにひきかえ、戦争経済をあてにする貧乏人は、実入りがないと不満を募らせる。埋めがたい富裕層と貧困層との溝・亀裂である。そんな落ち着かない民心に鞭打つかのように書簡を送り続け、ときに鬩ぎあう諸派の和睦を説くなど、中央政界の外にいながら、それでもなお影響力を失わぬデモステネスに、ヒュペレイデスらは敵意もあらわに、排斥に懸命であった（Hyp. V. fr.4. 17-19, fr.5. 20-22, fr.7. 31）。

アレクサンドロス急逝

デモステネス亡命後ひと月経つか経たぬ六月初旬（前三二三年）、アレクサンドロスの急死の知らせがギリシア中を駆けめぐった。たちまち息を吹き返す不満分子の群れは一斉に動き出した。しかしアレクサンドロスが死んだからといって、すぐさま対マケドニア戦線が立ち上げられたわけではない。アイトリア同盟、ポキス、ロクリス、アルゴス等マケドニアの軛《くびき》を断ち切ろうとする動きをアテナイが先導するのに、それなりの手順が必要であった。

ヒュペレイデスが提議して民会が市民軍出動と軍船の配備を決議し、決起呼び掛けの使節団を各地に派遣することを知ったデモステネスは、亡命先をあとにしてペロポネソスへの使節団に身を投じた。

胸中深く秘していた反マケドニアの炎が一挙に燃え上がったのであろう。同時に、いまが祖国への帰還の二度とないチャンスとも見たことは間違いない。憑かれたようにデモステネスは、歴訪を急ぐ使節団とともに、ギリシア連合軍の結成を訴えて回った。一五年前のカイロネイア戦前夜をふたたび目の当たりにする思いで、烈々たる気迫で熱弁をふるった。効果は目に見えて上がった。アイトリア、テッサリアがアテナイに加わった（ただしテッサリアはのちに落伍している）。民会は彼のはたらきを多とし、その功に報いるために帰国許可を決議した。ただしデモステネスは五〇タラントンの罰金未払いの身である。民会としては特定の市民の罰金免除という違法を犯すわけにはいかない。そこでゼウス・ソーテールの祭壇荘厳《しょうごん》の任務を与え、その経費五〇タラントンを支給するという便法を取った。（ハルパロス事件で収賄額二〇タラントンと判決されたデモステネスは、法によれば一〇倍の罰金を科されたはずであったが、帰国時になぜ罰金五〇タラントンとされたか、真相は不明である。）差し向けられた艦船に乗ってペイライエウス港に着いたデモステネスは、大勢の市民の出迎えを受け、両手をあげて天を仰ぎ、この日の幸福を感謝したという。

祖国の落日に殉ず——ラミア戦争

しかしふるさと帰還の喜びは長くは続かなかった。デモステネスの生涯最後の祖国への献身となり、ギリシア最後の抵抗となったラミア戦争は、一年余の戦闘の間、ときに局地的に優劣逆転することもあったが、けっきょくはるかに優勢なマケドニア陸海軍が勝利した。ラミアでアテナイ側将軍レオステネスが戦死し、奇しくもかのカイロネイアの決戦から十六年目の同日に戦われたクランノンの会戦で（前三二二年八月二〇日）、ギリシア連合軍は完敗し、降伏した。ここにギリシアの自由は完全に終わりを告げる。

勝者マケドニアによる報復は仮借なかった。ピリッポス・アレクサンドロスと二代にわたってマケドニア王家に仕え、対ギリシア外交・交戦の一部始終をその目で見てきた武将アンティパトロスは、ペイライエウス港にマケドニア軍を常駐させ、件《くだん》のサモス島をアテナイから取り上げ、民主政を解体した。市民権の資格を財産の査定高に変え、市民数を激減させた。いちはやく母国から逃れた要人たちを、彼は方々に放った追っ手に捕縛させ、ただちに処刑させた。その指揮にあたったのは「亡命者の狩人」と綽名されたアルキアスというアテナイ人であった。

囚われ処刑された者の中にヒュペレイデスの名もあった。アイギナ島のアイアコス神殿にひそんでいたところをアルキアスに見つけられ、引きずり出されてアンティパトロスのもとに送られたとの伝えがある。ヒュペレイデスの最期は、生きながら舌を切り取られたとも、拷問による秘密漏洩に抗し、みずから舌を噛み切ったとも語られている。「豊かな知性に恵まれ、優雅さに溢れ」、ときに鋭い皮肉を交えながら「精妙かつ均斉の取れた」（D. H. *De Imit.* 5. 6）言葉の泉を、滾々《こんこん》と湧き出させて尽きることのなかった舌、それを切り取られて死ぬほど悲惨な最期があるだろうか。

デモステネス自決

一方初期の同志ヒュペレイデスの悲運を知ってか知らずしてか、デモステネスはアイギナ島の南にあるカラウレイア島に難を避け、その地のポセイドン神殿に身を隠した。狩人アルキアスはデモステネスの居場所を嗅ぎつけるとトラキア人槍兵を連れて神殿に急ぎ、危害を受ける恐れはないから自分と一緒にアンティパトロスのところへ行くようにと、説得の言葉をかけ始めた。返すデモステネスは、

「君の芝居が私を感服させたことは一度もなかった。いまの約束も私を動かすことはけっしてあるまい」

（アルキアスはもと悲劇俳優だったという）

怒ったアルキアスが脅しの言葉を放つと、

「いま君が言った言葉はマケドニアの三脚釜から下される託宣だ。さっきは芝居をやっていた。ではしばらく待ってくれ、家の者に手紙を書くから」

こう言ってから神殿の奥に行き、パピュロスを取り上げて、いつもの癖なのか、何か書こうとするように筆を口に持って行き、しばらく穂先を噛んでいたが、まもなく上衣で頭を覆い顔を伏せた。戸口に立っていた槍兵たちは、彼が怖気づいたと思って嘲笑い、意気地なし、弱虫と罵った。アルキアスが近づいてきて立ち上がるように促し、もう一度アンティパトロスによる和解の約束を口にした。す

でに毒が回って身体の自由が奪われるのを感じたデモステネスは、頭から上衣を払いのけ、アルキアスに向かって言った、

「さあ思う存分悲劇のクレオン役を演じるがよい。私の死体を投げ捨てて葬らずにおくがよい。神ポセイドンさま、私はまだ息のあるうちに御社《みやしろ》を離れます、アンティパトロスとマケドニア人が足を踏み入れては、あなたの神殿といえども穢れますから」（神殿を血で汚すことは宗教的大罪である。クレオンは悲劇『アンティゴネ』で、祖国に弓を引いた甥エテオクレスの死骸の埋葬を禁じるテバイ王）

こう言ってから、すでに慄えがきて危うくなった足取りで神殿を出て、祭壇の傍を通り過ぎようとすると同時に崩れ伏した。そして一声呻きを発して息を引き取った。

伝記作家はデモステネスの最期をこのように伝える（Plu. *Dem.* 29. 2-5）。デモステネスは断末魔の苦しみの中で何を見ただろうか。ピリッポスも政敵たちももはや去り、絶頂期、彼の提議にどよめく民会、居並ぶ諸国使節を前に、敵国きっての弁論の雄（ピュトン）を打ち負かした論戦、前人未踏の奇蹟であったテバイとの同盟締結、そして冠裁判における圧勝、これら栄光の瞬間の数々がまるで走馬灯のように去来するのを見たであろうか。

享年六二であった。

アテナイ、後継者争いに呑み込まれる

デモステネスがこよなく愛しその終焉に殉じた、ポリス・アテナイのその後は？　民主政を失い、苛烈な報復行政を敷かれたアテナイは、否応なくディアドコイ（後継者たちあるいは後継者争い）すなわちアレクサンドロス三世の跡目争いに呑み込まれる。アレクサンドロスの急死を受けて諸将がバビュロンで開いた会議を皮切りに、後継者争いは第一次（前三二二―三二〇年）、第二次（前三一九―三一五年）、第三次（前三一四―三一一年）、第四次（前三〇八―三〇一年）と年刻みに進行したが、前二八一年のコルペディオンの戦いをもって終止符を打たれる。

その間アテナイでは有力市民の処刑や自害が続き、前三一八年には「善き人ポキオン」が民会決議によって死刑に処された。街には陰々滅々の気分が充満していた。アレクサンドロス三世の援助を得て学園リュケイオンを開設（前三三五年）した哲学者アリストテレスは、一番弟子のテオプラストスを次期学頭に残してアテナイを去り、カルキスに向かった。そのテオプラストスも学園の主宰権をめぐる法的抗争で、亡命を余儀なくされた。というのも、マケドニアの老将アンティパトロスの息子カッサンドロスがアテナイの統治者任命権を宣言し、単独支配権をパレロンのデメトリオスに与えたため、アテナイは完全な寡頭政治体制となった（前三一七年―三〇七年）からである。テオプラストスの高弟であったデメトリオスが、前三〇七年に追放された時点で、テオプラストスはようやくアテナイに戻った。その後一時的に民主政が復活したが、しょせんはディアドコイの権力闘争の余波を受けたまでで

あった。

終章　民主政のゆくえ

デモステネスにとって、彼が生きた前四世紀は、祖国衰運の時代であった。むろん客観的には、前四世紀のアテナイは、民主政が高度な成熟を見て、前世紀の黄金期を凌ぐ社会的、文化的な稔りが広く市民によって享受された時代とも評価される。たしかに二度の寡頭政権の暴戻から立ち直って、前三九九年に民主政アテナイが完成した法の見直し作業は、英知と思慮をたたえて市民生活の再出発を告げる、明けの鐘を高らかに響かせた。しかし旧デロス同盟時代の弊を顧みることを忘れたアテナイは、まもなく対外拡張路線に血迷い、みずからには絶え間ない戦争を、盟友国には憎しみと恨みを撒き散らす「アテナイ帝国」としてふたたびエーゲ海に君臨する。だが凋落は早かった。

アテナイ民主政はなぜ衰退したか

盛者必衰は世の理《ことわり》である。クレイステネスの改革（前五〇九年）から数えると、約一八〇年続いたアテナイ民主政も、この習いを免れなかった。その原因を探るため、マケドニアによる支配を軸にした国家間の抗争に目をやることは、既刊の優れた専門書に譲り、ここではアテナイというポリス自体の民主政の衰微に限って、一般的に指摘されている要因を若干記すことにする。

悪貨は良貨を駆逐する

まず挙げられるのは、法の運用における悪弊である。前四〇〇／三九九年に成った新法律体系は、それまで民会で提案された法文がそのまま法律となっていたのを安易に過ぎたと反省して、民会による定期的な法律審議をはじめとする立法の厳格化をめざした。すなわち毎年度最初の民会（ヘカトンバイオン月十一日＝現在の七月初旬に行われる）に、既存の法律の中で相互に矛盾する法律あるいは不適切と見なされる法律があればこれを廃止し、その代替法案を立法委員会の審議を経たうえで民会提案・審議することを定めた。立法委員会は常設ではなく、必要に応じて裁判員の中から選ばれた適正な数の委員が、廃止予定法案の問題点および改正提案の妥当性を審議する暫定組織である。

一方「法律（ノモス）」から峻別され、その下位に置かれた「民会決議（プセーピスマ）」は、時限的なものとして政務審議会の先議を経て民会で提案され、その場で可否が挙手投票され、採択されればただちに発効した。したがって「民会決議」のほうが「法律」より制定が手っ取り早かったことになる。そこにつけ入る政治家はあとを絶たなかった。そしてその類いの提案者の弁舌に民会が振り回される現実を、デモステネスはこう言って嘆いた。「民会とは気まぐれ風さながらに……定見なく頼りないもの」(Dem. XIX. 136)。迎合的演説者を斥け、真摯賢明な献策者に傾聴すべき(Dem. *Pro.* 1)、献策者の発言を騒がず聴くことが肝心(Dem. *Pro.* 4)、先入観を排し、対立する献策者双方に我慢強く耳を貸すべき(Dem. *Pro.* 5. 2)とは、デモステネスが終生唱え続けた「聴衆の苦役《くえき》」(Dem. *Pro.* 28. 2)である。

またそのような状態で成立した「民会決議」を、ただちに政敵がケチをつけて「違法提案に対する公訴」にかけるという、政争ゲームもどきの応酬もめずらしくなかった(56、93、160、215頁参照)、「違法提案に対する公訴」は、これまでも何度か言及したが、違法動議・悪法に対する制御機能を持つため、当初「民主政の防壁」(Th. 8. 67; Dem. XXIV. 153-154, Aes. *III*. 192-195)と恃まれ尊重されたが、前四世紀にはもっぱら党派間の抗争に悪用、濫用されるようになった。判定も当事者の名声あるいは力関係、または党派的つながりに左右されて、制度の本来の意義が疑わしくなった側面も否めない。

というわけで手続きが簡単な民会決議が次々と量産され、ときに法律を上回る力を持つという状況すら見られたようである(Arist. *Pol.* 1292a5)。つまるところ「法律(ノモス)」と「民会決議(プセーピスマ)」を厳格に区別した意味は無きに等しくなった。法の運用は貨幣の流通に例えられることが多いが、まさに悪貨が良貨を駆逐してしまったのである。

公民意識の希薄化

民主政衰微の第二の理由は、個人の行動の自由は公民としてのそれに優先すべきだ、という考えの広がりである。前五世紀のアテナイの黄金期には、なお名門貴族の血統に連なり弁論をもよくする人が、一人で弁論家と将軍を兼ね、国家運営に強力なリーダーシップを発揮していた。「民主政と言いながら、第一人者による支配」(Thu. 2. 65. 9)と評されたペリクレスはその好例といえるだろう。ペルシア戦争(前四九〇—四八〇年)圧勝後、人々は勝利の栄光に包まれて、彼ら上に立つ者に敬意を払い、公民として誇るべきギリシア第一のポリス・アテナイへの強い帰属意識を糧《かて》に生きていた。しかし前四世紀も後半になると、ポリスの変質がすすみ、指導者の分業化・職業化が加速して(12頁参照)、一般市民も自分個人の生《せい》により強く意識を向けるようになる。隣人たちと共有する自由と平等の概念は、次第に理念から俗念にところを譲る。抑制なき自由の追及は熾烈な競争社会を来《きた》し、人と人との絆を歪《ゆが》めかねない。いたずらに平等をふりかざせば、豊かな才能が足の引っ張り合いで潰される。あげくに隣人・知人間の軋轢は、社会に亀裂と階級闘争を生まずにはおかない。民会が〝有事〟にかこつけて戦時財産税徴収を決議すると、徴収された戦時財産税が、国庫を通じて貧困層に流れることに強い妬みと不満を持っている富裕層は納税を渋る。他方貧困層は、観劇基金などの給付金は、国政に参加する自分たちが当然受けるべきものだと主張して、鵜《う》の目鷹《たか》の目で更なる給付口実を探し回る。

さまざまな領域での公民意識の希薄化・個人主義的風潮は、ポリスの箍《たが》のゆるみをいっそう避けがたくした。後世の文人をして「妬みはアテナイ人の宿痾」（Ael. *VH*. 3. 17、54頁参照）と言わせ、執拗に富や権力を手にした個人を羨望視する習癖も、社会の分断・対立を助長しこそすれ、一致和合へのはずみとはならなかったようである。

レートールたち

そして三つ目は、民会演壇の俗化である。冠をつけた演説者が登る演壇は、本来は神の御稜威《みいつ》尊き聖なる空間であった。それがレートールたちの告発合戦誹謗合戦に穢されるうちに、私利私欲のせめぎあいの修羅場と化してしまったのである。前三四六／四五年に、民会のモラル是正のための法律が制定されたことは上に述べたが（60頁参照）、その法文には弁論家たちの綱紀粛清についての記載もあったという。それでも「令名高き偉大な弁論家」（Dem. *XVIII*. 219）と称賛され、その指導力に多大な敬意が払われる弁論家が活躍し、ときに正義でもあり国益にも適う献策を提議することはあるものの、ただ弁才抜群という評判を取ることだけに躍起になる登壇者は少なくない。はては（報酬目当ての）寡頭政擁護者がところえ顔《がお》で弁じることもある。レートールのなかには民会登壇で得られた力を恃んで、「力は正義」という強者の論理を振りかざし、獲得した権力の保持のためにあらゆる手を尽くして恥じない者も出てくる。

では彼らレートールたちに向き合う聴取席の市民たちはといえば、人気演説家やご機嫌取りの動議者には喜んで耳を貸すのに、誠意ある提案者をわけもなく嫌ったり、まっとうな演説者に最後まで耳を傾けるべき「聴衆の苦役」を投げ出していることが多い。もちろん「知性と教養において万人に抜きんでている」(And. *I.* 140; Dem. *Ep.* 3. 11) と自他ともに認めるアテナイ人のことである。さすがギリシア第一のポリスといわれる識見高邁な決議を成立させることもある。だが軽率に無思慮な票決に走って、次の民会でやり直すといった醜態を演じることもある。「弁舌巧者に惑わされるな」とはデモステネスが飽かず口にした言葉だが、彼は民会演壇をめぐる悪習・弊風に幾度となく触れて、つけこまれるな、騙されるな、とくどいほど警告する。

ではわがデモステネスは、レートールとしてどのように評価されたか？

デモステネス、毀誉褒貶ははなはだし

後代のデモステネスへの評価は、激しい毀誉褒貶にさらされた生前のそれに劣らず、はなはだしく上下する。カイロネイア戦を引き起こした失政はどうあっても許せないと追及したのは、当時の親マケドニア派や一部の「デモステネス嫌い」だけではない。前三／二世紀のポリュビオスは、カイロネイアの敗戦という悲惨事は、すべてデモステネスのせいである (Polyb. 18. 14. 14. 3)、と非難し、同様の断を下す歴史家は、近現代にも数多い。

ただし過去の歴史を大局的に俯瞰できる後世の視点に立って、ギリシアが新興マケドニアに屈した

のは、いわば歴史的必然であって、デモステネス一人でどうこうできるものではなかったとする見解もある。

ではカイロネイアは措くとして、〝政治家デモステネス〟を後世はどう評価したか。一方で、自由と独立のチャンピオン、祖国の誇りを守り抜いた政治家の鑑《かがみ》と仰ぎ見られるかと思うと、他方で「正義」にこだわるあまり現実認識に欠け、感情に訴えるばかりの狂信的国粋主義に走ったとも酷評される。

たしかにデモステネスがつねに標榜した「正義」は、万能ではない。みずからを正しいと思い込む人ほど、視野狭窄に陥りやすいとは賢人の言葉である。そして、民主主義社会の根底にある「正義」の観念は、高度な議論を展開しうる反面利用されやすく、「大衆の心をつかむ」ために、「正義」の語を演説の適所に配することは、ひとりデモステネスにとどまらず、弁論家が好んで使う手法でもあった。また〝栄えある祖先〟なる過去の遺物を誇張的に美化して、自分たちの時代に甦らせようという呼びかけは、たしかに耳に心地よい誘い文句ではある。

だがそうした場合、いわゆるポピュリズムに堕することも、弁論家に付きまとう陥穽であろう。強大な外圧に動揺してなすすべを知らぬ大衆が、単純明快なスローガンを歯切れ良く掲げる「強いリーダー」に縋りつくのは、いつの世も変わらぬ群衆心理か。そこでデモステネスは「ギリシア第一のポリス・アテナイ」「偉大な誉《ほまれ》あるポリス・アテナイ」といったアテナイ黄金期の栄耀のイメージを巧みに絢い合わせ、うろたえる民衆の心をわしづかみにする（むろん、これらのアテナイ賛美の麗句は、うわべだけの飾り文句ではない。愛国者デモステネスの心の底から自然に出た言葉に違いない）。そして演壇映えを第一に、身振り話しぶり、すなわちパフォーマンスに最大の注意を払い（64頁参照）、ときに声の調子を上げ、大仰な所作と誓いの言葉で神々を招来し、聴衆の胸に祖国愛を吹き込む。後世の伝記作家（プルタルコス）によると、「（そうした）彼の口演は一般民衆にはおおいに受けたが、たしなみのある人士には卑俗で下品」（Plu. *Dem.* 11. 3）と謗《そし》られたという。またあるときデモステネスが「大地にかけて、泉にかけて、流れにかけて、小川にかけて」と「神憑りになったかのように」韻律をつけて誓ったところ、喜劇詩人にがらくた行商人の口上だとからかわれた（Plu. *Dem.* 9. 4）。「この男の頭にあるのは演説をして喝采を浴びることだけ」「舌先三寸で国政の海を遊泳する海賊政治屋」とはライバル・アイスキネスのデモステネス評である（Aes. *II.* 130, *III.* 253）。

しかしながらデモステネスが悪しきポピュリズムすれすれの線上に身を置いたとしても、ピリッポスの野望を早くから見破り、その「全兵力にたった一人で、しかも弁舌の力で勝って」（Dem. XVIII. 245）来れる「強いリーダー」として発揮した力は、救いを求める民衆には何より願わしい頼り甲斐のあるものであったろう。そして「民主政の敵、わが国制・わが民主政とは和解しがたい敵」（Dem. X. 15）に立ち向かうという彼のマニフェスト（宣言）は、アテナイ市民の心を寸分違《たが》わず射抜いたであろう。

独裁制の権化ピリッポスは疫病よりも厭わしい。デモステネスが響かせる民主政賛美の詠唱歌は、迷える羊の群を導く最良の鼓笛であったろう。祖国の甦りを渇望する市民たちは誰よりもこの人に夢を託したに違いない。

善悪正邪が一転裏返ることがありうるのは人為の宿命であり、最良の政体として尊ばれた民主政といえども様々な弱点を免れえぬとは、そこに生きるアテナイ市民の実感であったろう。デモステネスが生まれ落ちた時には、すでに民主政はアテナイ社会に深く浸透しており、彼にとって民主政は生活そのものであった。したがって〝哲人王による統治〟を説く政論家や、民会を〝烏合の衆〟と見下す知識人に用はなく、体系的な政治理論を構築して闘う暇《いとま》もなかったであろう。理屈屋のアイスキネスが三政体論を持ち出し、「独裁者と寡頭主義者を守るものは猜疑心と武器による護身であるに対して、万人に自由・平等・独立を享受させるのは、法に則った政治を行なう民主政だ」等と相も変らぬ衒学ぶりをひけらかすのも、やくたいもない芝居としか思えなかったろう。デモステネスには、猶予ならぬ状況と見たその時々に、身体《からだ》を張って危機に対処することが民主政そのものであった。「思考言論は活発ながら、（行動となると）誰も自分ではしたくない」一般大衆を、叱咤し奮起させることが民主政そのものであった（民主政は、始めるよりも続けるほうがはるかにむずかしいとは、哲学者アリストテレスの所感である（Arist. *Pol.* 1319b35)）。

しかし、「兵役年齢の者は自ら戦線に立て」「富裕者は戦時財産税を納めよ」と終生督励し続け、

「〝政治屋〟の言いなりになるな」「買収された献策者に騙されるな」と口を酸っぱくして言い続けても詮方なしであったからといって、デモステネスがエリート意識にあぐらをかいて、一般庶民に愛想をつかしたかというと、それは全くなかった。内在的な問題ゆえに挫折し、愚行に迷いながらも、自分たちで選び取った民主政、これをデモステネスも共に信じ、誇ってやまなかった。そして彼は生涯、ピリッポス二世というきらびやかな〝独裁政の化身〟を敵将に持つことによって、その信念と矜持を貫いた。

ピリッポスの虚像？

デモステネスが現存作品六〇余編（偽作を含む）をもってわれわれの前に立ち現われ、少なくとも真筆とされる幾編かによって、その息遣い、胸の鼓動まで聞けるかのような存在であるのに引き比べ、ピリッポスは、著しく不利な立場に甘んじている。古代の作家たちが残した大量の伝記・評伝の類いはおおかた失われ、もっぱら敵方の、しかも当代きっての弁論家の口から出た誹棄罵倒の言葉が、後世に残されたピリッポス二世の肖像を彩っているからである。

「取るに足らない弱小卑賤の身……そこの出身であると恥ずかしげもなしに言えるような異人でさえもなくて、以前にはまともな奴隷さえもその土地から購入することができなかったような」（Dem. IX21, 31）

から偽計と陰謀をもって成り上がった夷狄男、と貶めるデモステネスに対し、ピリッポスは返す言葉を持たない。

おそらくデモステネスがピリッポスに会ったのは、使節として「ピロクラテスの講和」締結のために、ペラの王宮を訪れた二度の接見にとどまるであろう。そしてそのとき受けた強烈な印象をなお払拭できずにいながらも、聴衆の心を憎悪で染めようとするデモステネスは、まるで見てきたように「日々の生活の放埒さや酩酊や淫らな踊り」、「悪霊に取りつかれて……淫乱無軌道に走る」(Dem. *II*. 18)ピリッポスの姿を巧みな身振りをつけて描き出す。

こうしたピリッポス像は、あるいはすでに巷の風伝だったかもしれないが、その出どころの一つに、文人テオポンポスが数えられる。キオス島出身でイソクラテスの高弟の一人であったテオポンポスは、一時マケドニアの王宮に滞在したこともあり、ピリッポスの生活をその目で見たはずである。五八巻に及ぶ『ピリッピカ』を著わしたが、わずかに残った断片からは、これでもか、これでもか、とばかりにピリッポスの常軌を逸した破倫の日常を描いた記述が窺える。「欲望を抑えることなどからきし駄目で……酒と賭博に明け暮れて、贅沢三昧にふけるものを丁重に迎えた。……自堕落で驕慢な者がいればそのことごとくがピリッポスのもとに集められ、王の近侍と称された」(Theopomp. *fr*. = Plb. 8. 9. 6)。

このような私的空間におけるピリッポス像に、なおどぎつい絵の具をぬり重ねるデモステネスの意図は、むろんこの敵将の軍事行動を、彼の欺瞞的外交を、そしてそれに誑かされる親マケドニア派の愚かさを、さらには「諸君のためを思って発言する人たちよりも、ピリッポスに金で雇われている連中のほうに、政治活動をするための保証をより多く与えている市民たち」の腑抜けぶりを質《ただ》すことである。そして民主政を奉じながら、その使い方を知らない者らの不明を解き、究極的にアテナイに向けられる奴隷化の毒手に警鐘を鳴らすためである。

彼（ピリッポス）が戦争を仕掛け、謀略を企んでいるのは、わが国のこの政治制度に他ならないのであり、わが国のこの国家体制をどうしたら破壊できるかという、ただこの一事を考えているのであって、彼にとって天下の大事はこれ以外にないのである……。なぜなら彼はちゃんと知っているからだ。ほかのすべてのものを支配するとしても、諸君が民主政を維持しているかぎり、彼はけっして安泰ではないということを」（Dem. VIII. 40, 41）

デモステネスにとって〝民主政の敵〟は、民会掌握のキーワードであった。

ところで上記のテオポンポスの断片的記述は、古代ギリシア・ローマの多くの作家に引用、伝承され、のちの古典文献が伝えるピリッポスの人となりは、この種の引用・孫引きに拠っているものが多いが、前記の歴史家ポリュビオス（前二〇／二世紀、218頁参照）は、カイロネイア戦の勝利者ピリッポスの事績を高く評価し、ピリッポスが「戦争と武器によって勝利を収め征服したのは、戦場で相対した敵兵だけであって、それ以外のアテナイ全市民とその国を帰順させたのは、彼の示した雅量と自制心だった」と記し、かくして「尊大な」アテナイ人を、何事にも協力を惜しまない味方に変えた、と最高の賛辞を与えている(Plb. 5. 10. 1-5)。

またピリッポスの事績を詳細に記述した歴史家ディオドロス(前一世紀)は、ピリッポスが「武勇よりもはるかに金の力で王国を拡大した」(Diod. 16. 53. 3)と豪語したことを伝え、「この時代のヨーロッパの最も偉大な王」なるピリッポス自身、戦闘における武勇よりは、知慮を尽くした軍略と外交で得た成果のほうを誇りにしている、とも記している(Diod. 16. 95. 3)。

デモステネスの彫像

前二八〇／七九年、デモステネスの妹の息子すなわち彼の甥デモカレスの提案により、デモステネスの彫像を中央広場(アゴラ)に建立し、彼の子孫の最年長の者に国費による正餐の会食資格(シーテーシス)を与えることが民会決議された。死後四〇年余を経て、デモステネスの名誉は回復されたわけである。

彫像は、亜麻布かウールの幅広の布を緩やかにまとって胴で締めた、キトンと呼ばれる着衣でたたずむ姿であった(ヴァティカンにある大理石像がその模写だといわれる)。男女共用のキトンの上に、一重《ひとえ》の布をドレープ式に前垂《まえだ》れにして左肩に掛けるスタイルが、男性市民外出時等の正装であり、民会の演壇に立つ者にも乱れのないこの装いが求められたようである。

その装束でパピュロスの巻物を手にした、うつむき加減にどこかじっと考え込んでいるような、悩んでいるような表情からは、虚弱だった幼少時からの習いで、人づきあいは不得意だのに、弁論となるとさながら「兵士のごとき」(Ps.-Plu. *Mor.* 845d) とピリッポスにも恐れられた激越な口調で訴える声が聞こえてくるようである。

アゴラにおける立像建立というアテナイ市民としての最高の栄誉は、アテネ市の中心部からやや離れたパイアニア区（デモステネスの所属区。現在名はペアニア）に、郷土の誇りを顕彰する胸像として、二〇世紀に入ってから建てられた。碑石には、アゴラのデモステネス像の台座の銘を移したといわれる文言が刻まれている（口絵3）。

デモステネスよ、その志《こころざし》にみあう膂力《りょりょく》を汝がそなえていたならば、
マケドニアの軍神がギリシア人を支配することはけっしてなかったであろう

現在のペアニア市は、デモステネスと葡萄の葉を街の紋章にしている。

デモステネスの後裔たち

1 弁論の系譜

アテナイその後

民主政の消滅とともに、熾烈な、しかし華麗な論戦で市民を沸かせた弁論家たちがすべて退場し、都雅の街アテナイの地中海世界における優位も翳りを見せはじめると、文芸の中心はアレクサンドリアやペルガモンに、さらにローマにと所を変える。しかし正統的ギリシア語弁論すなわちアッティカ弁論への関心は高まりこそすれ失われることはなかった。（アッティカはアテナイ市を中心に、周縁農耕地帯をも含む地方を指し、「アッティカ弁論」はアテナイの民会・法廷ないし私的係争で行われた弁論の総称）なかんずくアウグストゥス帝（前二七—後一四年）がギリシア文化の卓越性を認め、その模倣・摂取を奨励したため、彼の統治下で、アッティカ弁論はいやましに追随者の輪を広げて行く。

エーゲ海東岸のハリカルナッソス市出身のギリシア人ディオニュシオスは、ローマに移住して上層階級の子弟に弁論の教練をほどこすかたわら、「アジア流弁論」の流行に抗し、アッティカ弁論の復権に心血を注いだ。「アジア流弁論」とは、アテナイにおける弁論の衰退に乗じるかのように、小アジア沿岸や島嶼部で起こった亜流の弁論を指す。いたずらに誇大な表現、華麗華美を良しとし、弁士による模擬弁論の口演会で客集めをする等、興行・娯楽向きの演芸になっていた新興弁論である。そうした「卑俗で下品でだらしない」(D. H. *Comp.* 1. 1-3) 流儀を排斥したディオニュシオスは、純正簡潔にして典雅なアッティカ弁論の解析・論評に日夜励んだ。

アッティカ弁論復権

ディオニュシオスは、アッティカ弁論を代表する弁論家六人を取り上げ、それぞれの特性、長短を仔細に検討し、彼らが口にする言葉が、なにゆえ聞き手の理知を強く刺激し、なにゆえ心地よく魅力的に響き、その心をとらえて離さないのか、誰がその奥義を極めて聴衆を動かしたか、その秘密の解明に寸暇を惜しんだ。そこで彼が第一位の栄誉を与えたのがデモステネスである。デモステネスの文体の真髄をとらえ、彼こそが威厳と優雅さを兼ね備え、まちがいなく聴衆の心を虜《とりこ》にしてしまう弁論家であると評定したのである。デモステネスが刻苦精励して身につけた文体は、あるいは畑から、漁から、鍛冶場から民会に集まる庶民にも、あるいは社交経験豊富な教養人にも、申し分なく満足を与えうる力を備えているとディォニュシオスは評価する。いわく「先人たちの弁論から最も優れた要素を選び出して織り合わせ、荘重ながら淡々として、凝っていながら飾り気がなく、風変りでありながらなじみ深く、祭典弁論風でありながら実戦弁論向きでもあり、峻厳でありつつ心を癒し、緊張感を生みながらもくつろぎをもたらし、心地よいと同時に刺激に富み、［真摯な］人柄の奥ゆかしさを感じさせながら情動を揺り動かす……知者の織り成す言葉の綾錦《あやにしき》」(D. H. *De Dem.* 8. 2) だと。そしてデモステネスを「苦も無くあらゆる姿に変身した、かのプロテウスとそっくりの」文体の完成者だと結論する。プロテウスとは、海に住み、自分の身体をあらゆるものに変える能力を持つ神話中の生き物である。

「弁論術」すなわち「修辞学」

ディオニュシオスによる〃品定め〃は、やがて顕著な展開を見る修辞学の領域に深く立ち入っている。なるほど弁論は実用を旨とする言語行動であっても、説得力を持ちながら、しかも魅力的でなければ人を動かすことはできない。そして明快平明な論理的陳述、情感あふれる語り掛け、両刀兼備で聴衆を従わせる秘法を、ディオニュシオスはデモステネスの弁論に見出した。そして豊富な引用と分析で、その微妙な手触りを明らかにした。彼はすでに解析論評を仕事とする文芸批評家の領域に踏み込んでおり、ここに西欧における「弁論」への関心が、伝承の過程において、高度な「修辞学」（レトリック）に発展した経緯の一端が窺えよう。爾来弁論は現代に至るまで、説得の手段であるのみならず、人の心を魅了しうる散文芸術の一部門として、表現者の創作活動の重要な分野になっている。

2 今日に生きるデモステネスの弁論技法

デモステネスの後裔たち

ここで政治家デモステネスの後裔たちの呼称で、現代の政治的指導者たちを登場させるのは、唐突とも無理な飛躍とも受け取られるかもしれない。しかし筆者は敢えてそれを試みたい。なぜなら彼らはデモステネスと同じく、政治家であると同時に、修辞に細かく気を配る弁論家だからである。

大統領は、公的な場面で「言葉によって自分の意志を表わし」、共感と支持を得ることを何より重視する。ほかでもない、ホメロス以来ギリシア人青少年にとって最も重要な修練の課目とされてきたことである（5頁参照）。そしてその伝統に連なったデモステネスが、いつも夜遅くまでかかって演説文に推敲を重ねたことを、「灯心の臭いがする」と揶揄されたことは上に述べた（120頁参照）。彼は字句の彫琢すなわち修辞に一方ならぬ努力を傾けた。政権を実働させる手段すなわち弁論に力をそそぐ歴代のアメリカ大統領たちも、可能なかぎり修辞学を援用しようと努める。

〝修辞学〟といえば、もっぱら学者や研究家が口にする、難解な文章法の規則・規範のことかと敬遠されがちだが、そうではない。平たく言えば、ものの言い方、表現の工夫のことである。そもそも言葉が第一義的に伝達というはたらきを持つ以上、人は誰かに何かを言おうとするとき、無意識にせよ、できるだけ効果的に言おうとして表現を整える。つまり言うことが相手にすんなり受け入れられるようにと、いわば身づくろいを改めるのである。これはふだんわれわれが口にする私的な伝達においてもあたりまえに行われていることだが、公的場面では、それだけ言葉の身だしなみが強く意識される。それも公共性の高い場面になればなるほど、話者として容儀を改めようとする気持ちが強くはたらく。

いつの頃からか、アメリカの大統領には、スピーチ・ライターなる作文の専門家がつくようになったという。彼らは、古代ギリシアに始まるすべての弁論作品および関連文献から、言語表現の要諦を学び取って、作文のノウハウに精通し、大統領の演説の下書きを用意する。彼らが重視する工夫の一つに、言い回しの型がある。以下にデモステネスが重要場面で、これぞと恃《たの》んで用いた表現形式すなわち言い回しの型が、アメリカの歴代大統領の就任・施政演説中で踏襲されている事例を瞥見したい。そうすれば、彼らが政治家デモステネスと同じく、民衆の支持を求め、その手段である弁論文作成に、一方ならぬ情熱を注ぐ政治家であることがわかるだろう。

ただし大統領の演説は、すでにその政権が承認あるいは容認されていることを前提とし、デモステネスからの引用文は、採否あるいは勝敗の予測がつかない民会建議と法廷論争の一部であるという状況の違いもあるため、単純な比較はできない。しかし両者の言葉の装い方が、趣きを一《いっ》にする点に注目し、デモステネスに倣った後裔たちに耳を貸してみよう。

デモステネス初期の修辞例・大統領の演説

デモステネスは駆け出しの頃から、アテナイ人の市民活動における怠惰と消極的態度にもどかしさを抑えられず、最初の議会弁論『シュンモリアーについて』でも強い憤懣を訴えている。彼は対置法（アンティセシス　取り上げる二つの章句が、相互に持つ類似性と対比性によって対《つい》をなし、他から区別されて際立った印象を与える表現形式）、首句反復（アナポラー、一続きの文の文首に同じ字句を置く表現形式）を使って建議の効果を挙げようとした。語順等その苦心の跡がうかがえる原文を生かすよう、訳文では、書面のレイアウトを調整した。

いいですか、アテナイ人諸君、ご存じのとおり

諸君全員が意図して、その後、誰もがそれを実行するのは自分の責務だと自覚したとき、

諸君の案件が知らぬ間に立ち消えになったためしは、これまで一度もありませんでした。でも、

> 諸君全員が意図して、その後、誰もが互いの顔を見て、自分がしなくても、近くの人がやってくれるだろうと、他人《ひと》の出方を窺っていたとき、
> 諸君の案件が実現したためしは、これまで一度もありませんでした。
>
> （『シュンモリアーについて』一四、一五節）

第二の文の文頭に第一文と同じ字句を置いて（アナポラー＝首句反復）、堅固な、しかもバランスのとれた叙述の枠組みを設定し、言いたいことをそこに無駄なく嵌め込む。聞く者はその枠組みの秩序正しい形式美によって安心感とともに快い緊張をもって耳を貸す。相似する句、構文からおのずからに対比される第一と第二の文からは、拮抗する対立項が互いに響きを返し合うが、ここでは論述の比重は第二の文に置かれている。市民の無為無策を叱咤する言葉は、政治参加を強く促す。第一文があることで、第二文は重みを増す。ここぞというところで聴衆に呼びかける頓呼法《とんこほう》（アポストロペー）も見逃せない。

「序章」で述べたゴルギアス流（7頁参照）と呼ばれる三つの修辞形式の一つである対置法（残り二つは、押韻、列挙法）の利用をはじめ、この文例で弁論術の師イサイオスの教えを忠実に守ったデモステネスは、若年の未熟さから完全に抜けきってはいない。また口演の状況も異なる。とはいえ、一九六一年に行われたJ・F・ケネディの大統領就任演説は、デモステネスと同じ対置法を採って、簡潔で

力強い文の構築に成功している。洗練と品格では差があるかもしれないが、骨格はデモステネスの常用した対置法を援用している。

「それゆえ、わが同胞なるアメリカ人諸君、
国家が諸君に何をなしうるかを問うてはならない、
国家に諸君が何をなしうるかを問いたまえ。」

"And so, my fellow Americans:
ask not what your country can do for you,
ask what you can do for your country."

効果的な頓呼法（アポストロペー）に始まるケネディのこの辞句では、第二行と第三行の文の文頭の音声を揃え（アナポラー＝首句反復）、同一の語句の位置の入れ替えで、文相互の緊密性と対比性が鮮明になる。こだまのように響きあう語群は、明快なリズム感とともに他と区別されて強く印象づけられる（対置法　アンティセシス）。第二行があることで、比重の高い第三行がいっそう際立っている。〝後世に残る名文〟となったこの三行は、変則的語順に置かれた平易な単語をもって、格調の高さでは余人の追随を許さない。

デモステネス中期の修辞例・大統領の演説

デモステネスが政治家への道を順調に進み、対マケドニア使節という重責を務めるまでになった前三四六年、期せずして宿敵アイスキネスとの正面衝突に及び、三年後には法廷闘争で相まみえることになる。その原告弁論『使節職務不履行について』には、収賄したアイスキネスのせいでピリッポスに奪われたという土地と、各地域のポリス名を列挙する箇所がある。列挙法・羅列（パリソーシス等しい構造、長さもほぼ同じ字句が連ねられる修辞形式。名詞の羅列が多用される。数多くの内容をテキパキと語って、冗長に陥ることなく話をすすめられる）、接続詞省略（アシュンデトン　接続詞抜きで羅列を支え、テンポよく話をすすめる修辞形式）、頭語畳用（エパナポラー、文節や句の始めに同じ語を繰り返して強調する修辞形式）。

……なぜなら、どの将軍がハロスを、誰がポキスを亡失したのでしょうか？　誰がドリスコスを、誰がケルソブレプテスを、誰がヒエロン・オロスを、誰がテルモピュライを？　誰がピリッポスのために、同盟国と味方の間を通れるようにアッティカまでの道を拓いてやったのでしょうか？　誰がコロネイアを、オルコメノスを、エウボイアを他国のものにしてしまったのでしょうか？　メガラもつい最近そうなるところでした。どの将軍がテバイを強大にしたのでしょうか？（『使節職務不履行について』三三四節）

羅列のギリシア語原語に当たる「パリソーシス」は、対応する語句の構造がほぼ等しく（パリソン）、字句の長さもほぼ同じで（イソコロン）、類似の響きを持つ修辞形式を意味する。接続詞省略（アシュンデトン）をも用いたポリス名羅列は、つのる憤怒や口惜しさをじかに表白し、また聴き手を同じ心情へと誘い込むために極めて有効な技法である。ここでは「誰が……誰が……誰が……」（いずれも被告アイスキネスを指す）と文頭の音をそろえるエパナポラー（＝頭語畳用）の形式をも取り入れ、短い文を矢継ぎ早に繰り出すことで、効果をいっそう高めている。接続詞省略や反復が効果を上げるとは、アリストテレス（『弁論術』3, 12, 1413a25-35）の指摘でもある。（121頁参照）

この文例では、「誰が……誰が……誰が……（tis … tis …tis …）」と疑問詞で始まる文が並べられていたが、このように答えが自明であるとき、わざと平叙文を排し、疑問文として問いかける修辞的疑問文（エローテーシス・エスケーメネー）は、われわれも日常の会話で使っている。上掲の文例では、対応度の最も高い押韻（パロモイオーシス）tis …tis …tis …が含まれて、効果をいっそう高めている。

一方上掲の文例では、「誰が……」の自明の回答は被告の名であり、その罪状という否定的事象が列挙されたが、これを自由に応用し、肯定的回答を踏まえた修辞的疑問文は演説者に多用されている。アメリカの現大統領バイデン氏が、就任演説中に緊急の課題を列挙して（パリソーシス）、最後にそれらを総括してともに闘おう（戦わずに済ませるだろうか）と鼓舞する修辞的疑問文がその一例である。聴衆は一斉にYes! と応じるであろう。

皆さん、今は試練の時です。民主主義と真実に対する攻撃にわれわれは直面しています。猛威を振るうウイルス、生身にこたえる不平等、制度的人種差別、気候変動、世界におけるアメリカの役割……。今こそわれわれは試されるのです。私たちは立ち上がって、挑戦に応えられるでしょうか。

Folks, it's a time of testing. We face an attack on our democracy, and on truth, a raging virus, a stinging inequity, systemic racism, a climate in crisis, America's role in the world. ..... Now we're going to be tested. Are we going to step up?

暗示的看過法・逆言法（パラレイプシス）（対象とする事物を挙げておいて、ここでは触れないと断ることによって、かえってそれを強調する修辞形式）。

デモステネスの若年の頃から財産交換、罵詈雑言、戦線離脱告発などで、彼を悩ませた年長の政治家メイディアスが、ついに衆人環視のディオニュソス劇場で殴打に及んだ顛末は上に述べた（75頁参照）。このビンタさわぎを論題にした『メイディアス弾劾』では、上に見たように、「……あるいはその他の似たような事件はすべて、まあ触れないでおきましょう」（Dem. XXI. 15. 78頁参照）と言いながら、触れないでおくはずのことをすでに言ってしまう暗示的看過法を、列挙法・羅列（パリソーシス）と併せて使ってメイディアスを真正面から攻撃している。

この技法はお気に入りだったようで、政治家としての出世街道をひた走る中期のデモステネスには、頻繁にこの言い方が見られる。例えば

「……ではこうした任務を果たした使節たちの懐には、何が転がり込んだでしょう？　諸君ご自身で目にされるかぎりの財物、家屋、材木、穀物については触れないでおきましょう」（『使節職務不履行について』一四五節）

『使節職務不履行について』をもってデモステネスのいちばん言いたいことは、被告アイスキネスら他の使節たちの収賄がアテナイの権益亡失を招いたということである。145節では、触れないでおくと言いながら「財物、家屋、材木、穀物」にぬかりなく触れている。

デモステネスの民会演説中ひときわ激しい攻撃調がみられるという『ケロネソス情勢について』では、これまでも自分の主張・行動がいかに国益に資するものであったかを強調して、論敵をねじ伏せようとする。

「私は三段櫂船奉仕、合唱舞踏隊奉仕などを受けもち、戦時財産税の税負担を行ない、捕虜の釈放にも尽くすなど、この種の寄付行為をほかにも挙げることができますが、しかしそれらについては何も言い

ますまい」（七〇節）

と言いながら、全部言っている。『ピリッピカ』でも、

「オリュントス、メトネ、アポロニア及びトラキアの32の都市のことは省略します。それらの都市のすべてを彼はきわめて残酷な方法で滅ぼしたのであり、いまそれらの地を訪れる人にも、かつてそこには人が住んでいたかどうかを言うのも難しいほどなのです。また、あれほども数の多かったポキスの民族が滅ぼされてしまっていることも言わないでおきます」（『ピリッポス弾劾　第三演説』二六節）

と「言わない」はずのことをすでに言ってしまっている。

少し趣は変わるが、

「招宴と民会決議について、何よりも前に諸君にお伝えしなければならないことを、もう少しで言い忘れるところでした」（『使節職務不履行について』一八二節）

「言い忘れた」と断りを入れて、その事柄にとくに注意を喚起する手法は、暗示的看過法の変形と言えよう。

前アメリカ大統領トランプ氏が最初に「言いたくない」と切り出せば、かえって聞き手は何を？と耳をそばだてるだろう。そこで「言いたくない」ことを後付けで言って聞き手を喜ばす。

「言いたくないけど……、あいつらは救いようがない……バカだ」

I don't want to say, … but they are hopeless, … they are stupid.

わざと思わせぶりな文句で聞き手をじらし、好奇心をそそるこの種の言い回しは、表情や身振りでうまく間を取るなどして、暗示的看過法に類する効果を十二分に活かすことができよう。

映像的表現・生き生きとした描写（エナルゲイア）

前三四三年、デモステネスは「使節職務不履行裁判」で、被告アイスキネスがいかに品性下劣な男であるかを聴き手に印象付けようとして、使節たちがマケドニア逗留中に受けた饗応（自分は不参加）での一場面を、「私は行きませんでした」と断っておいて語り聞かせる。少し長いが以下に引用する。

「私は行きませんでした。宴席が酒になったとき、オリュントスの女性が一人連れてこられました。美しい人で、育ちの良い自由人であることがこのあとのなりゆきでわかりました。この女性に、この者たち［アイスキネスら］はどうやら最初は穏やかに飲み物とデザートを少々口にさせようとしたようです。……

けれども興が乗って熱気でむんむんしてきたとき、彼らはこの女性に身を横たえて何か歌を歌うよう命じました。うろたえた彼女は言われたとおりにしようとせず、どうしていいかもわからなかったのですが、この男〔アイスキネス〕とプリュノンはそういう様子を侮辱だ、我慢ならない、神にも憎まれる罰当たりなオリュントス人の捕虜女のくせにお高くとまりやがって、と言ったのです。「下僕を呼べ！」「誰か鞭をもってこい！」鞭を持った召使が来ましたが、きっとこの者たちは飲んだくれて爆発寸前だったのでしょう、その女性が何か言って涙を流したところ、召使が着衣をびりびりっと引き裂いて背中をしたたかに鞭打ちました。この暴虐極まる仕打ちに気も狂わんばかりに、女性は跳び上がってイアトロクレスの膝に縋り、ひれ伏そうとする拍子に食卓をひっくり返してしまいました。もしイアトロクレスが辛うじて救い出さなかったら、酔っぱらいの犠牲になって女性は死んでいたでしょう。なにしろこの屑野郎の泥酔ぶりときたら尋常ではないのです」（「この者」「この男」「屑野郎」はアイスキネスを指し、プリュノン、イアトロクレスは同行使節の名前）（『使節職務不履行について』一九六節以下）

デモステネスは自分はその場にいなかった情景を、まるで見てきたようにありありと描き出す。デモステネスの面目躍如の語り口である。さらにこの一件がギリシアのいたるところで噂になったと付け加えて、この話の信頼性を裏打ちする。なまなましいディテイル（細部）がよどみなく語られると、あたかもじっさいの事の運びを目撃しているかのような錯覚を聴き手に持たせ、話の虚構性を忘れさせてしまう。

（じつは宿敵アイスキネスも語りの名手であった。豊かな色彩と綾を駆使して臨場感を生み出す彼の語りは、例外なく会場を沸かせた。いずれ劣らぬ特技の主《ぬし》同士が裁きの庭で、この修辞技法をもって相討ちの火花を散らした場面は数多い。）

第二次世界大戦において、連合国側の反攻の始まりを画した「ノルマンディ上陸作戦」は、日本ではあまり知られないが、ナチス・ドイツに占領されたヨーロッパを奪還するという至難の軍事作戦として、西欧では永遠に記念されている。その激戦地で、四〇周年の記念式典が行われたときの（一九八四年六月六日）、ロナルド・レーガン大統領の記念演説の一部が下記の引用である。断崖絶壁の地を式典会場に、各国の首脳も臨席するところで退役軍人および遺族を称賛して、四〇年前の上陸作戦（自分はそこに居なかった）を再現する描写は、「グレイト・コミュニケーター」と呼ばれたレーガン大統領ならではの迫力に満ちている。イギリス海峡から小さな舟艇でこの崖に渡り、垂直に切り立った絶壁を登るという過酷な攻略を求められたアメリカ、フランスなどの兵士たちが、ヨーロッパの自由を取り戻そうと「史上最大の作戦」に身を投じる。この困難に挑んだ兵士一人一人に目が注がれている。

レーンジャーたち（特殊攻撃部隊員）が見上げると、崖の上から敵兵が自分たちに向かってマシンガンを撃ち込み手榴弾を投げつけているのが見えました。しかしアメリカ人レーンジャーたちは登り始めました。断崖の壁面に縄梯子《なわばしご》を擲り上げ、よじ登り始めました。一人のレーンジャーが倒れたら、代わりのレーンジャーが登る。縄梯子のロープが一本切れたら、別のロープにつかまってまた登り始める。彼らは登り、撃ち返し、足場を死守する。まもなくレーンジャーたちは一人また一人と崖の突端を乗り超えて絶壁内側の大地を確保することによって、ヨーロッパ大陸の奪還を始めました。二二五人がこの地に来ました。戦闘は二日で終わりましたが、なお戦う力を残していた者は、わずか九〇名でした。

ここではデモステネスもレーガンもじっさいには見ていないと聴衆は承知していながら、彼らの語りにぐんぐん吸い込まれていく。事のなりゆきをそのまま追うかのような身ぶり、手ぶり、耳に快い音調など、演技的要素（パフォーマンス）も虚構の事実性を支えることは言うまでもない。この「映像的表現・生き生きとした描写（エナルゲイア）」を駆使した語りの技法は、状況によっては聴く者の情動を激しく掻き立てるものである。さながら話し手が聴き手に「ほら、その場にあなたと一緒に居て、一緒に見たでしょう」と、心安く同意を求めるかのような親近感を抱かせ、語り描かれたことの事実性を受け入れやすくする。

デモステネス円熟期の修辞例・大統領の演説

演壇を自在に自己演出の舞台になしえた円熟期のデモステネスは、一般市民に最も必要な文章の伝達要素は明快さであると考えたという。哲学や詩の難語を避け、文を短く切り詰め、しかしそればかりでは単調に陥るから、重要語は二度繰り返したりと、先に挙げた修辞家ディオニュシオスの見立てに違わず、臨機応変に「言葉の綾錦《あやにしき》」を織り成して変幻極まりない。工夫の跡を二、三拾えば、

動詞一個だけの短文を羅列（列挙法）し、接続詞省略で一文ごとに対置の効果を利かせて、デモステネスは政敵アイスキネスの「卑しい」生涯をなぞる。（訳文では説明的になるが、原文では「動詞一個」が九回続く。）

「君は案内役だった、私は得意客だった。君は秘儀手伝いだった、私は秘儀にあずかった。君は書記になれた、私は民会演説者になった。君は三番手の役者だった、私は目利きの観客だった。君は［舞台から］追い出された、私は大声で追い出した。君の政務はすべて敵のためだった、私の政務は祖国のためだった」（『冠について』二六五節）

三段漸層法（クリマクス・トリコーロン）

冠裁判において、彼がテバイとの同盟締結を語ったとき、聴衆の昂揚感の高まりを手ごたえに叙述が最高潮に達した時点で使った三段漸層法の事例を上に引用したが、（『冠について』一七九節。172頁参照）

古来多数の修辞家に称揚されて久しいなかでも、ヘルモゲネス（二世紀）は「荘厳、荘重、気品高く

かつ華麗」（『文型について』一九）と最高の賛辞を惜しまない。ではこの文節の魅力はどこから来るのか。英語「クライマックス」の原語であるギリシア語「クリマクス」は、「梯子」を原義とする普通名詞であり、修辞用語としては、類似の文節を三つ（トリコーロン）重ねて、梯子を登るように一から二、二から三へと段階的に調子を高め、三段目に絶頂を極める表現形式を意味する。大勢の聴衆との一体感と情動の高まりをみはからいつつ、デモステネスは徐々に調子を上げていって、これぞというところで三段漸層法を使って効果を挙げている。

ローマの将軍カエサルが前四七年のゼラの戦いに勝利して放った言葉「来た、見た、勝った」は当時から有名だが、なお二千年余にわたって、三段漸層法は連綿と受け継がれてきた。一八六三年、南北戦争の激戦地ゲティスバーグで、アメリカ第十六代大統領リンカーンが行った戦没者追悼演説は、わずか二七二語、三分間の演説であったが、リンカーンはこう締めくくった。

「民衆の、民衆による、民衆のための政治」
government of the people, by the people, for the people (shall not perish from the earth.)

戦士たちが命に代えて勝ち取った「民主政」、これに三つの異なった角度から光を当て、一よりは二を、二よりは三をと次第に調子を上げていって、最後の字句で最高潮に達する。「民衆」people という単語反復の音楽性に朗誦性も加わって、一度聞いたら忘れられない至言となっている。リンカーンは若き日、名文をもって聞こえた史家ギボンの『ローマ帝国衰亡史』を愛読したという。全編にギリシア以来の修辞技法が駆使されている。随意の個所を暗唱できるほど熟読したというリンカーンは、知らず知らずのうちにその語法を身につけていたのであろう。

歴代のアメリカ大統領は、かならずと言っていいほどこの三段漸層法を演説で模倣ないし援用してきた。クリントン大統領の就任演説を挙げよう。

変革のための変革ではなく、　　Not change for change's sake
アメリカの理想を守るための変革、　　but change to preserve America's ideals,
すなわち生命、自由、幸福の追求を、　　life, liberty, the pursuit of happiness.

クリントン大統領は、〝変革〟というスローガンを掲げて登場した。彼は真の変革を強く訴えるために、まず、かりそめの変革すなわち〝変革のための変革〟を否定的に出して、そのうえで〝真の変革〟を出す。したがって三つ目の〝変革〟には、アメリカの建国の理想も加わって、千鈞の重みがある。

こうして見てくると、現代世界を動かす指導者たちが、デモステネスの言葉遣いに倣う語型、言葉の綾を使って演説にメリハリをつけ、緩急自在に意思伝達の手段としていることが見て取れよう。彼らは紛れもなくデモステネスの後裔たちである。人類の未来を運命づけるべく、彼らの誠意が、武力ではなく弁舌によって果たされることを願うばかりである。

おわりに

筆者は本書冒頭で、わが国における民主政導入の浅い歴史に言及した。そしてそのはるかな源《みなもと》であるアテナイ民主政、その民主政を生涯「弁論」をもって生き抜いた政治家デモステネスのありのままの姿を追った。資料とした彼の民会・法廷弁論作品・書簡と関連文献からわれわれが見出したものは、人間という矛盾だらけの生き物であった。ときに浅はかなうぬぼれに災いされ、ときにはげしい競争心ゆえに躓《つまず》き、かと思うと、稚気愛すべし、と言わせるときもある。転換期の怒涛に弄《もてあそ》ばれた生涯であった。

それはまさしく、われわれが見た生身《なまみ》の民主政の面目《めんもく》に等しい。公序良俗に輝く時もあれば、おごりや陋習に害される時もある。市民が誇ってやまない体制でありながら、その思いどおりには動かない。

そういう民主政の実体をなす「弁論」もまた、人を徳性に導き、社会に望ましい秩序をもたらすという、価値あるはたらきから大きく逸れることがあった。国益を無視した人気取りの民会演説、正義を曲解し、誹謗中傷に終始する法廷弁論が幾たび聴衆を惑わしたか。

けれどもそのような弁論にデモステネスが溺れ、あるいは節度を忘れ、そのような民主政に絶望して、これを見限ったかというと、それはけっしてなかった。彼は終生、過ちも犯せば反省もし、融和をあらしめれば離反をも赦した民主政アテナイに、誠心誠意尽くした。彼が民主政アテナイをこよなく愛し、民主政アテナイに殉じたことは間違いない。

謝辞

本書の上梓にあたり、多くの方々から寄せられたご厚意に対し、心からのお礼を申し述べたい。とりわけ先学、同学の諸氏には、知識不足ゆえの誤りや、自分では気づかなかった思い込み等々を二、三にとどまらず正していただき、深い感謝の念に耐えない。巻末「参考文献一覧」をもって、そのごく一部に代えさせていただき、ここでは拙稿閲読の労をお取りくださり、貴重なご指摘ご助言とともに編集万般に、一方ならぬご尽力を賜った國方栄二氏（京都大学学術出版会編集部）のお名前を記すにとどめる。むろんなお残る間違いはすべて著者の責任である。

索　引

人名索引

事項索引

参考文献一覧

アッティカ弁論作品

「西洋古典叢書」（京都大学学術出版会）に以下の『弁論集』が既刊収録されている。

アンティポン／アンドキデス『弁論集』、髙畠純夫訳、2002 年

リュシアス『弁論集』、細井敦子・桜井万里子・安部素子訳、2001 年

イソクラテス『弁論集 1 〜 2』小池澄夫訳、1998 〜 2002 年

デモステネス『弁論集 1 〜 7』加来彰俊・北嶋美雪・杉山晃太郎・木曽明子・北野雅弘・平田松吾・半田勝彦・葛西康徳・吉武純夫・佐藤昇・栗原麻子訳、2006 〜 2022 年

アイスキネス『弁論集』木曽明子訳、2012 年

本書関連の古典文献

アイリアノス『ギリシア奇談集』松平千秋・中務哲郎訳（岩波文庫)、1989 年

アテナイオス『食卓の賢人たち』1 − 5 柳沼重剛訳（西洋古典叢書)、1997 〜 2004 年

アリアノス『アレクサンドロス東征記　上・下』大牟田章訳（岩波文庫)、2001 年

アリストテレス『政治学』牛田徳子訳（西洋古典叢書)、2001 年

アリストテレス『政治学・家政学』瀬口昌久他訳、（アリストテレス全集 17）岩波書店、2018 年

アリストテレス『弁論術』戸塚七郎訳、岩波文庫、2002 年

アリストテレス『弁論術』堀尾耕一訳、（アリストテレス全集 18）岩波書店、2018 年

アリストテレス『アテナイ人の国制、著作断片集 1』橋場弦・國方栄二訳、（アリストテレス全集 19）岩波書店、2014 年

クセノポン『ギリシア史 1 〜 2』根元英世訳（西洋古典叢書)、1998 〜 1999 年

クセノポン『小品集』（『アテナイ人の国制』収録）松本仁助訳（西洋古典叢書)、2000 年

クルティウス・ルフス『アレクサンドロス大王伝』谷栄一郎・上村健二訳（西洋古典叢書)、2003 年

ディオニュシオス『古代文芸論集』（西洋古典叢書）戸高和弘・木曽明子訳、2018 年

トゥキュディデス『歴史 1 〜 2』藤縄謙三・城江良和訳（西洋古典叢書)、2000 〜 2003 年

ネポス『英雄伝・ティモテオス』山下太郎・上村健二訳（叢書アレクサンドリア図書館Ⅲ)、国文社、1995 年

プラトン『クリトン』田中美知太郎訳（プラトン全集 1）岩波書店、1975 年

プラトン『法律』森進一・池田美恵・加来彰俊訳（岩波文庫)、1993 年

プルタルコス『英雄伝1～6』柳沼重剛訳・城江良和訳、(『アレクサンドロス伝』『デモステネス伝』『ペロピダス伝』『ポキオン伝』収録)（西洋古典叢書)、2007～2021年
プルタルコス『モラリア4』(『アレクサンドロスの運または徳について』収録）伊藤照夫訳（西洋古典叢書)、2018年
伝プルタルコス『モラリア10（『十大弁論家列伝　デモステネス・ヒュペレイデス』収録)』伊藤照夫訳（西洋古典叢書)、2013年
ポリュビオス『歴史1－4』城江良和訳（西洋古典叢書)、2004～2013年
ポンペイウス・トログスによるユスティヌス抄録『地中海世界史』合阪學訳(西洋古典叢書)、1998年

その他の関連参考文献

伊藤貞夫『古典期のポリス社会』岩波書店、1981年
伊藤貞夫「古典期アテナイの鉱山経営者」、伊藤貞夫・弓削達編『古典古代の社会と国家』東京大学出版会、1977年
伊藤貞夫「古典期のポリス社会とその変質」荒松他編『地中海世界　二』（岩波講座世界歴史二）岩波書店、1969年
伊東七美男「前四世紀中葉アテナイ下層市民の兵役忌避」『千葉史学』3、1983年
伊東七美男「前四世紀中葉アテナイ富裕市民のトリエラルキア忌避について」『歴史学研究』507、1982年
岩田拓郎「Demosthenes, XXXVI. 3の解釈をめぐる二・三の問題――古代ギリシア「銀行」史の一断面」『北海道大学文学部紀要』22-1、1974年
岩田拓郎「アテナイ人の戸籍登録について」『西洋古典学研究』10、1962年
岩田拓郎「古典期アッティカのデーモスとフラトリア――ヘカトステ碑文の検討を中心として」『史学雑誌』71-3、1962年
大牟田章『アレクサンドロス大王――「世界」をめざした巨大な情念』清水書院、1976年
川島重成・高田康成編『ムーサよ、語れ』三陸書房、2003年
岸本廣大『古代ギリシアの連邦――ポリスを超えた共同体』京都大学学術出版会、2021年
エヴァ・C・クールズ著、中務哲郎・久保田忠利・下田立行訳『ファロスの王国――古代ギリシアの性の政治学』岩波書店、1989年
栗原 麻子『互酬性と古代民主制――アテナイ民衆法廷における「友愛」と「敵意」』京都大学学術出版会、2020年
小河浩『紀元前四世紀ギリシア世界における傭兵の研究』渓水社、2010年
桜井万里子『歴史学の始まり――ヘロドトスとトゥキュディデス』講談社学術文庫、2023年

桜井万里子「アテナイ社会における公私二分の意識の浸透について」日本大学史学会『史叢』105、2022年
桜井万里子、本村凌二『集中講義！ギリシア・ローマ』筑摩書房、2017年.
桜井万里子・師尾晶子編『古代地中海世界のダイナミズム――空間・ネットワーク・文化の交錯』山川出版社、2010年
桜井万里子「ある銀行家の妻の一生――前四世紀アテナイの女性像」、地中海文化を語る会編『ギリシア・ローマ世界における他者』彩流社、2003年
桜井万里子『ソクラテスの隣人たち――アテナイにおける市民と非市民』山川出版社、1997年
桜井万里子『古代ギリシアの女たち――アテナイの夢と現実』中央公論新社、1992年
佐藤昇『民主政アテナイの賄賂言説』山川出版社、2008年
佐藤昇「古典期アテナイの国内情勢と外部接触」『古代』16、2015年
澤田典子『アテネ――最期の輝き』講談社学術文庫、2024年（岩波書店、2008年）
澤田典子『古代マケドニア王国史研究――フィリッポス二世のギリシア制服』東京大学出版会、2022年
澤田典子『アレクサンドロス大王』、よみがえる天才4、ちくまプリマー新書、筑摩書房、2020年
澤田典子『アレクサンドロス大王』、今に生き続ける「偉大なる王」、世界史リブレット、人5、山川出版社、2013年
澤田典子『アテネ民主政』講談社選書メチエ、2010年
篠崎三男『黒海沿岸の古代ギリシア植民市』東海大学出版会、2015年
篠塚千恵子『アフロディテの指先、パルテノン彫刻を読む』国書刊行会、2017年
篠原道法『古代アテナイ社会と外国人』関西学院大学出版会、2020年
杉本陽奈子『古代ギリシアと商業ネットワーク』京都大学学術出版会、2023年
杉本陽奈子「紀元前4世紀アテナイの商業裁判に関する訴訟と証言」『西洋史学』269、2020年
杉本陽奈子「紀元前四世紀アテナイにおける銀行家ネットワークの性質と機能」『史林』100-2、2017年
杉本陽奈子「紀元前四世紀アテナイにおける穀物供給政策と海上交易商人」『史林』97-5、2014年
杉本陽奈子「古典期アテナイの職人に関する一考察」『西洋古代史研究』11、2011年
周藤芳幸『古代ギリシア地中海への展開』京都大学学術出版会、2006年
周藤芳幸・澤田典子『古代ギリシア遺跡事典』東京堂出版、2004年
髙畠純夫・齋藤貴弘・竹内一博『図説　古代ギリシアの暮らし』、河出書房新

社、2018年
髙畠純夫『アイネイアス『攻城論』解説・翻訳・註解』東洋大学出版会、2018年
髙畠純夫「デモステネス——弁論で世界を動かした男」（鈴木董『侠の歴史 西洋編上+中東編』所収）清水書院、2020年
ケネス・ドーヴァー著、中務哲郎・下田立行訳『古代ギリシアの同性愛』リブロポート、1984年
橋場弦『古代ギリシアの民主政』岩波新書、2022年
橋場弦『賄賂とアテナイ民主政——美徳から犯罪へ』山川出版社、2008年
橋場弦『丘のうえの民主政——古代アテネの実験』東京大学出版会、1997年
橋場弦『アテナイ公職者弾劾制度の研究』東京大学出版会、1993年
橋本資久「紀元前四世紀アテナイにおける対市民顕彰」『西洋古典学研究』47、1999年
デブラ・ハメル著、石塚浩司訳『同性愛の百年間——ギリシア的愛について』法政大学出版局、1995年
ヒュ・ボーデン著、佐藤昇訳『アレクサンドロス大王』刀水書房、2019年
前澤伸行「古代ギリシアの商業と国家」樺山紘一他編『商人と市場——ネットワークの中の国家』（岩波講座世界歴史15）岩波書店、1999年
前澤伸行『ポリス社会に生きる』山川出版社、1998年
前澤伸行「紀元前4世紀のアテナイの穀物取引」『西洋古典学研究』41、1993年
前澤伸行「紀元前四世紀のアテナイの海上貿易——海上貸付の分析を中心に」弓削達・伊藤貞夫編『古典古代の社会と国家』東京大学出版会、1977年
フィリップ・マティザック著髙畠純夫（監訳・解説）・安原和見訳『古代ギリシアの24時間』、河出書房新社、2022年
宮崎亮「古典期アテナイのシュコファンテス——アテナイにおける民衆訴追」『史学雑誌』102-4、1993年
宮崎亮「前4世紀のアテナイの公的仲裁制度について」『西洋古典学研究』44、1996年
森谷公俊「エウブーロスの財政政策とアテネ民主政の変質」『史学雑誌』97-4、1988年
森谷公俊「前4世紀ギリシアの普遍平和条約——支配・平和・自治」『歴史学研究』556、1986年

略記一覧

（引用訳文は、一部改変を含む）

Ael. *VH*（Aelianus, Varia Historia）：アイリアノス『ギリシア奇談集』（中務哲郎訳）
Aes. (Aeschines)：
I.『ティマルコス弾劾　（第一弁論）』
II.『使節職務不履行について　（第二弁論）』
III.『クテシポン弾劾　（第三弁論）』
Agora：『アテナイのアゴラ（ポーレータイ碑文）』
And.（Andocides）：アンドキデス
I.『秘儀について（第一弁論）』
Ant.（Antiphon）：アンティポン
fr.「断片」
Arist.（Aristoteles）：アリストテレス
Ath. Pol.『アテナイ人の国制』
Rh.『弁論術』（戸塚七郎訳）
Pol.『政治学』
Arr.（Arrianus）：アリアノス
An.『アレクサンドロス東征記』（大牟田章訳）
Ath.（Athenaeus）：アテナイオス『食卓の賢人たち』（柳沼重剛訳）
D. H.（Dionysius Halicarnassensis）：ディオニュシオス（ハリカルナッソスの）
Comp.『文章構成法』
De Dem.『デモステネス論』
De Isoc.『イソクラテス論』
De limit.『模倣論』
Dem.（Demosthenes）：デモステネス
I.『オリュントス情勢　第一演説（第一弁論）』（加来彰俊訳）
II.『オリュントス情勢　第二演説（第一弁論）（第二弁論）』
III.『オリュントス情勢　第三演説（第一弁論）（第三弁論）』
IV.『ピリッポス弾劾　第一演説（第四弁論）』（加来彰俊訳）
V.『講和について（第五弁論）』（北嶋美雪訳）
VI.『ピリッポス弾劾　第二演説（第六弁論）』（加来彰俊訳）
VIII.『ケロネソス情勢について（第八弁論）』（田中美知太郎・北嶋美雪訳）
IX.『ピリッポス弾劾　第三演説（第九弁論）』（加来彰俊訳）
X.『ピリッポス弾劾　第四演説（第十弁論）』（加来彰俊訳）
XII.『ピリッポス書簡　（第十二）』
XIV.『シュンモリアーについて（第十四弁論）』（杉山晃太郎訳）
XV.『ロドス人解放のために（第十五弁論）』（杉山晃太郎訳）
XVI.『メガロポリス市民のために（第十六弁論）』（杉山晃太郎訳）
XVIII.『クテシポン擁護（冠について）（第十八弁論）』
XIX.『使節職務不履行について（第十九弁論）』

XX. 『レプティネスへの抗弁（第二十弁論）』
XXI. 『メイディアス弾劾（第二十一弁論）』（杉山晃太郎訳）
XXII. 『アンドロティオン弾劾（第二十二弁論）』
XXIII. 『アリストクラテス弾劾（第二十三弁論）』
XXIV. 『ティモクラテス弾劾（第二十四弁論）』
XXVI. 『アリストゲイトン弾劾（第二十六弁論）』（杉山晃太郎訳）
XXVII. 『アポボス弾劾　第一演説（第二十七弁論）』（杉山晃太郎訳）
XXVIII. 『アポボス弾劾　第二演説（第二十八弁論）』
XXIX. 『アポボスへの抗弁（第二十九弁論）』
XXX. 『オネトルへの抗弁　第一演説（第三十弁論）』
XXXI. 『オネトルへの抗弁　第二演説（第三十一弁論）』
XXXIX. 『ボイオトスへの抗弁　第一演説（第三十九弁論）』（北野雅弘訳）
Ep. 『書簡集』
Pro. 『序論集』
Di.（Dinarchus）：デイナルコス
I. 『デモステネス弾劾（第一弁論）』
Diod.（Diodorus）：ディオドロス『世界史』
Hyp.（Hyperides）：ヒュペレイデス
III. 『アテノゲネス弾劾（第三弁論）』
IV. 『エウクセニッポスのための弁明（第四弁論）』
V. 『デモステネス弾劾（第五弁論・断片）』
fr. 「断片」
IG（*Inscriptiones Graecae*）：『ギリシア碑文集成』
Isae.（Isaeus）：イサイオス
III. 『ピュロスの家産について』（髙畠純夫訳）
IV. 『ニコストラトスの家産について』（髙畠純夫訳）
Isoc.（Isocrates）：イソクラテス
V. 『ピリッポスに与う（第五番）』（小池澄夫訳）
VII. 『アレイオス・パゴス会演説（第七番）』
VIII. 『平和演説　（第八番）』（小池澄夫訳）
XII. 『パンアテナイア祭演説（第十二番）』
XV. 『アンティドシス（財産交換）（第十五番）』（小池澄夫訳）
Just.（Justinus）：ポンペイウス・トログスによるユスティヌス抄録『地中海世界史』抄訳』（合阪學訳）
Lycurg.（Lycurgus）：リュクルゴス
I. 『レオクラテス弾劾』
Lys.（Lysias）：リュシアス
XIX. 『アリストパネスの財産について――国庫に対する反論（第十九弁論）』

Maxim.（Vaieries Maximus）：ウァレリウス・マクシムス『著名言行録』
Nep.（Nepos）：ネポス
Tim.『英雄伝（ティモテウス）』（山下太郎・上村健二訳）
Paus.（Pausanias）：パウサニアス『ギリシア案内記』
Philoch.（Philochorus）：ピロコロス
fr.「断片」
Pl.（Plato）：プラトン
Cri.『クリトン』（田中美知太郎訳）
Lg.『法律』（森進一・池田美恵・加来彰俊訳）
Plb.（Polybius）：ポリュビオス『歴史』（城江良和訳）
Plu.（Plutarchus）
Alex.『アレクサンドロス伝』（河野与一訳）
Dem.『デモステネス伝』（河野与一訳）
Pelop.『ペロピダス伝』（河野与一訳）
Phoc.『ポキオン伝』（河野与一訳）
Mor.(331B)「モラリア」『アレクサンドロスの運または徳について』（伊藤照夫訳）
Ps.-Dem.（Pseudo-Demosthenes）：伝デモステネス
VII.『ハロネソスについて』（松山晃太郎訳）
XVII.『アレクサンドロスとの盟約について（第十七弁論）』（杉山晃太郎訳）
Ps.-Plu.（Pseudo-Plutarchus）：伝プルタルコス
Mor. (843A-847C)「モラリア」『十大弁論家列伝・デモステネス』（伊藤照夫訳）
Mor. (848F)「モラリア」『十大弁論家列伝・ヒュペレイデス』（伊藤照夫訳）
Ps.-X.（Pseudo-Xenophon）：伝クセノポン
Ath. Pol.『アテナイ人の国制』（松本仁助訳）
Th.（Thuchydides）：トゥキュディデス『歴史』（城江良和訳）
Theopomp.（Theopompus）：テオポンポス
fr.「断片」
Tim（Timocles）：ティモクレス
『デロス島（断片）』（中務哲郎訳）
X.（Xenophon）：クセノポン
Hel.『ギリシア史』（根本英世訳）

デモステネス年譜

西暦	ギリシア史年表（アテナイを中心に）
前478年	第一次アテナイ海上軍事同盟（デロス同盟）（～前404）
前454	デロス同盟金庫のデロス島からアテナイへの移転
前451/51	ペリクレスのアテナイ市民権法制定
前431	ペロポネソス戦争（～前404）
前411	四百人寡頭政権（～前410）
前404	アテナイ、スパルタに降伏、三十人独裁政権（～前403）
前403	三十人独裁政権打倒、民主政回復
前395	コリントス戦争（～前386）
前386	大王（アンタルキダス）の和約でコリントス戦争終結
前384	
前382	ピリッポス二世誕生
前378	第二次アテナイ海上軍事同盟（～前338）
前376	
前371	レウクトラの戦い（覇者スパルタ、テバイに降る）
前366	
前364	
前362	マンティネイアの戦い（テバイの覇権終わる）
前362/61	
前360/59	
前359	マケドニア王ピリッポス二世即位（23歳）
前357	ピリッポス、アンピポリス、ピュドナを占拠。
前356	ピリッポス、ポテイダイアを占拠。アレクサンドロス三世誕生
前355	第三次神聖戦争（～前346）、ピリッポス介入
前354	ピリッポス、メトネを占拠。

デモステネス関連	年齢	デモステネス作品名	作品及び事項年代（推定）
デモステネス誕生			
	2歳		
	5/6歳		
父の死	7/8歳		
	13歳		
成人、2年間の兵役見習い	17/18歳		
後見人を告発、勝訴。三段櫂船共同奉仕役。弁論代作を始める。	20歳	『アポボス弾劾』I、II（第27、28弁論）	前364/3
	22歳	『アポボスへの抗弁』（第29弁論）	前362/1
		『オネトルへの抗弁』I、II（第30、31弁論）	前362/1
三段櫂船奉仕役	24歳		
	25歳		
同盟市戦争（~前355）エウボイア出兵に従軍。三段櫂船共同奉仕役？	27歳		
	28歳		
	28歳	『アンドロティオン弾劾』（第22弁論）、『レプティネスへの抗弁』（第20弁論）	前355/4
		『シュンモリアーについて』（第14弁論）	前354/3

前 353	
前 352	ピリッポス、クロコスの野の戦いに勝利、テッサリアのアルコーンとなる。テルモピュライで南下を断念、トラキアへ
前 351	ピリッポス、オリュントス威嚇、アテナイに敵対
前 349/8	ピリッポス、オリュントス周縁の小ポリス攻略
前 348	オリュントス陥落
前 347/6	
前 346	ピロクラテスの講和、第三次神聖戦争終結（ポキス降伏）、ピリッポス、ピュティア祭をテッサリアと共同主宰
前 346/5	
前 344	ピリッポス、ピロクラテスの講和の修正提案、アテナイ拒絶
前 343	ピリッポス、アテナイのカルディア侵攻に抗議。アリストテレスをアレクサンドロスの家庭教師に招く
前 341	ピリッポス、トラキア作戦を継続。ビュザンティオン包囲不成功
前 340	ピリッポス、アテナイに書簡（宣戦布告か？）
前 339	第四次神聖戦争（〜前 338）ピリッポス介入
前 338	カイロネイアの戦い、マケドニア勝利、デマデスの和平、第二次アテナイ海上軍事同盟解体
前 337	ピリッポスによる「コリントス同盟」設立

		『メガロポリス市民のために』(第16弁論)、『ティモクラテス弾劾』第24弁論)	前353/2
	32歳	『アリストクラテス弾劾』(第23弁論)	前352
	33歳	『ピリッポス弾劾』I(第4弁論)』	前351
		『ロドス人解放のために』(第15弁論)	前351/0
	35歳	『オリュントス情勢』I、II、III(第1、2、3弁論)	前349/8
	36歳		前348/7
政務審議会議員	38歳	『メイディアス弾劾』(第21弁論)	前347/6
第一、二対マケドニア使節	38歳	『講和について』(第5弁論)	前346
ティマルコス裁判	39歳		前345
	40歳	『ピリッポス弾劾』II(第6弁論)	前344/3
使節職務不履行裁判　アイスキネスに敗訴	41歳	『使節職務不履行について』(第19弁論)	前343
ビュザンティオンへ使節、エレトリア・オレオスを解放、授冠。海軍財政刷新	43歳	『ケロネソス情勢』(第8弁論)『ピリッポス弾劾』III(第9弁論)『ピリッポス弾劾』IV(第10弁論)	前341
アリストニコス提案によるデモステネス授冠、海軍財政への修正提案	44歳	『ピリッポス書簡への返答』(第11弁論)	前340/39
テバイとの同盟締結(デモステネス、ディオンダスの告発を斥けて受冠)	45歳		前339/8
デモステネス、カイロネイア戦後の国葬にて葬送演説	46歳	『葬送演説』	前338
	47歳		

前 336	ピリッポス暗殺。アレクサンドロス即位
前 335	テバイ蜂起壊滅
前 334	アレクサンドロス、アジアへ侵攻（グラニコスの戦いに勝利）
前 333	イッソスの戦いにアレクサンドロス勝利
前 331	スパルタ王アギス蜂起、ガウガメラの戦いでアレクサンドロス、ペルシアを降す
前 330	マケドニア武将アンティパトロスによりスパルタ王アギス敗死
前 324	アレクサンドロスによる亡命者帰国命令、ハルパロス事件
前 323	アレクサンドロス没、ラミア戦争（〜前 322）
前 322	武将アンティパトロスによりギリシア連合軍敗北

クテシポンによる デモステネス授冠提案	48 歳		前 336
	49 歳		前 335
	50 歳		
	51 歳		
	53 歳		
冠裁判、アイスキネスに勝訴	54 歳	『冠について』(第 18 弁論)	前 330
	60 歳		
ハルパロス裁判、有罪、入獄、脱獄。亡命。公式帰国	60/61 歳	『書簡集』I II III IV	前 323-2
カラウレイア島で自決	61/62 歳		前 322

木曽　明子（きそ　あきこ）

大阪大学名誉教授
1936 年　満州生まれ
1967 年　京都大学大学院文学研究科博士課程修了
大阪大学教授、北見工業大学教授を経て 2002 年退職

主な著訳書

"*TYRO* : SOPHOCLES'　LOST　PLAY" in *Studies in Honour of T. B. L. Webster*, Vol. I (Bristol Classical Press,1986) ; "*What Happened to Deus ex Machina after Euripides*?" (AbleMedia Classics Technology Center, 2004) ;『弁論の世紀――古代ギリシアのもう一つの戦場』（学術選書、京都大学学術出版会、2022 年）。デモステネス『弁論集 2』（2010 年）；デモステネス『弁論集 3 ～ 7』（共訳、2003, 2004, 2019, 2020, 2022 年）；ディオニュシオス他『修辞学論集』（共訳、2004 年）；ロンギノス／ディオニュシオス『古代文芸論集』（共訳、2018 年）、以上西洋古典叢書（京都大学学術出版会）。

学術選書

民主政アテナイに殉ず
――弁論家デモステネスの生涯

学術選書 115

2024 年 6 月 12 日　初版第 1 刷発行

著　　者…………木曽　明子
発 行 人…………足立　芳宏
発 行 所…………京都大学学術出版会
京都市左京区吉田近衛町 69
京都大学吉田南構内（〒 606-8315）
電話（075）761-6182
FAX（075）761-6190
振替 01000-8-64677
URL http://www.kyoto-up.or.jp

印刷・製本…………㈱太洋社
装　　幀…………上野かおる

ISBN 978-4-8140-0527-7
定価はカバーに表示してあります

学術選書［既刊より］「諸文明の起源」→ 諸

006 古代アンデス 権力の考古学 関 雄二 諸12
009 ヴァイキング時代 角谷英則 諸9
012 古代エジプト 文明社会の形成 高宮いづみ 諸2
036 中国文明 農業と礼制の考古学 岡村秀典 諸6
047 古代朝鮮 墳墓にみる国家形成 吉井秀夫 諸13
054 イスラーム 文明と国家の形成 小杉 泰 諸4
059 古代マヤ 石器の都市文明［増補版］ 青山和夫 諸11
070 ヨーロッパ近代文明の曙 描かれたオランダ黄金世紀 樺山紘一 諸10
073 異端思想の500年 グローバル思考への挑戦 大津真作
075 懐疑主義 松枝啓至
083 京都学派 酔故伝 櫻井正一郎
086 ?◉! 哲学の話 朴 一功
087 今からはじめる哲学入門 戸田剛文 編
090 宅地の防災学 都市と斜面の近現代 釜井俊孝
092 股倉からみる『ハムレット』 シェイクスピアと日本人 芦津かおり
095 中国農漁村の歴史を歩く 太田 出
098 「型」の再考 科学から総合学へ 大庭良介
099 色を分ける 色で分ける 日髙杏子
100 ベースボールと日本占領 谷川建司
101 タイミングの科学 脳は動作をどうコントロールするか 乾 信之
102 乾燥地林 知られざる実態と砂漠化の危機 吉川 賢
103 異端思想から近代的自由へ 大津真作
104 日本書紀の鳥 山岸 哲・宮澤豊穂
105 池上四郎の都市計画 大阪市の経験を未来に 池上 惇
106 弁論の世紀 古代ギリシアのもう一つの戦場 木曽明子
107 ホメロスと色彩 西塔由貴子
108 女帝と道化のロシア 坂内徳明
109 脳はどのように学ぶのか 教育×神経科学からのヒント 乾 信之
110 デザインは間違う デザイン方法論の実践知 松下大輔
111 ハイデッガーとギリシア悲劇 秋富克哉
112 自然に学ぶ「甘くない」共生論 椿 宜高
113 南方熊楠と猫とイスラーム 嶋本隆光
114 森の来歴 二次林と原生林が織りなす激動の物語 小見山章・加藤正吾
115 民主政アテナイに殉ず 弁論家デモステネスの生涯 木曽明子